Wo

Sodens Kurgäste

logierten

Von Erika Ullrich und Edith Vetter

Zweite Auflage

Historischer Verein Bad Soden am Taunus e. V.
Schriften zur Bad Sodener Geschichte
Band 24

Die Veröffentlichung erschien erstmals 1991 in der Reihe Materialien zur Bad Sodener Geschichte Heft 9, herausgegeben vom Arbeitskreis für Bad Sodener Geschichte.
Rechtsnachfolger durch Namensänderung ist der Historische Verein Bad Soden am Taunus e. V. Die vorliegende Ausgabe erhält die Nummer 24.
Die Herausgabe dieses Buches wurde finanziell unterstützt von: WIR FÜR BAD SODEN Verein zur Förderung der Kur- und Wohnstadt e. V.

Herstellung und Verlag:
Books on Demand GmbH, Norderstedt.

ISBN 3-8334-2250-5

Inhaltsverzeichnis

Zur Entwicklung des Kurwesens

Ohne seine Mineralquellen wäre Soden ein *kleines Dorf in der Nähe von Frankfurt* geblieben. Seine Entwicklung ist eng mit der Nutzung dieser Quellen verbunden. Als die Veröffentlichung des Frankfurter Arztes Johann Bernhard Gladbach auf die Heilkräfte der Quellen im Jahr 1701 hinwies, wurde man auf Soden aufmerksam. Die ersten Gäste waren Frankfurter Familien - sie brauchten Unterkunft. In deren Auftrag baute der Salinenverwalter J. B. Wartenberg 1722 ein *Badhaus*. Es dauerte dann aber Jahrzehnte, bis weitere Häuser für die Kurgäste entstanden.

Der Geschichte dieser Kurvillen, Hotels und privaten Quartiere gingen wir nach. Zweieinhalb Jahre lang suchten wir in dicken, staubigen, alten Stockbüchern, in Akten des städtischen Bauarchivs, im Hessischen Hauptstaatsarchiv Wiesbaden, im Stadtarchiv Frankfurt, in der Frankfurter Stadt- und Universitätsbibliothek, den Archiven des jüdischen Museums und des Bad Sodener Stadtmuseums nach Material und Informationen. Wir danken allen, die uns dabei geholfen haben, ganz besonders auch *alten Sodenern*, die sich immer wieder in geduldigem Bemühen unserer Fragen annahmen. Die Blütezeit der Sodener Kur lag im 19. Jahrhundert und hier lag auch der Schwerpunkt unserer Arbeit. Es entstand eine Dokumentation mit Text, Bildern und Zeichnungen von 142 Häusern, die Auskunft gibt über Baujahr, Erbauer, Besitzer, Hausnamen und Kurgäste. So, wie wir während unserer Arbeit mit *der lieblichen Pförtnerin des Taunus* vertraut wurden, kann dieses Veröffentlichung vielleicht bei Freunden unserer Stadt Interesse an den alten Häusern wecken.

Schattige Gärten und gastfreundliche Häuser
Freundliche Häuser, Wohnungen, die bei bescheidenen Ansprüchen vollkommen befriedigen, helle gesunde Räume, deren Reinlichkeit wohlthuend berührt, so lobte schon 1850 Medizinalrat Dr. Otto Thilenius den aufblühenden Kurort Soden. Die für dörfliche Verhältnisse hohen Häuser waren bedingt durch die Geschoßhöhe

der in Inseraten angepriesenen *hohen, luftigen Zimmer* für die vorwiegend *brustkranken* Kurgäste. Das wasserführende feuchte Wiesengelände Sodens, auf dem die frühen Kurvillen entstanden, zwang dazu, die Häuser nur zum Teil oder sehr flach zu unterkellern. Ihre Architektur wird dem trivialen Typ der Spätklassizistik zugeordnet. Deren Merkmale - fast quadratischer Grundriß, hohe dreisprossige Fenster mit oben leicht gewölbter Laibung, Lamellenklappläden, Kniestock mit kleinen Fenstern als Gesindewohnung, flaches Satteldach mit Gauben oder Zwerchhaus - fanden bei den meisten im 19. Jahrhundert in Soden entstandenen Häusern Anwendung.

Die strengen Fassaden wurden bei vielen Villen durch die ortstypischen gußeisernen, mehrstöckigen Balkone, die manchmal erst später angefügt wurden, aufgelockert. Neben ihrer praktischen Funktion setzten sie einen ästhetischen südländischen Akzent. Die Brüstungs- und Balkongeländer sowie die Verandasäulen zeigen die Formenvielfalt der im 19. Jahrhundert entwickelten und industriell hergestellten Gußeisen-Ornamente wie Akanthus- Vasen-Anthemien- (Blumen), Palmetten- und Laubringelmuster (Rinceau).

Dr. Thilenius machte auf den Grundtyp der Hausanlagen aufmerksam, *dem nämlich, daß zwischen den einzelnen Gebäuden überall Raum genug bleibt, um Baumgrün hervortreten zu lassen.* Das deutet auf die offene Villenbebauung hin, deren große schattige Gärten und rosenberankten Veranden und Balkone oft bewundernd erwähnt werden. *Als ich in dem stillen, lieblichen Taunusbade eintraf, prangte es gerade in seinem schönsten Sommerschmuck, Rosen, Rosen überall, wohin der Blick sich wandte! Sie hüllen den Ort so vollkommen ein in Farbenglut und Duft, daß er wie ein Märchen dalag unter dem freundlichen, klarblauen Junihimmel,* schreibt die Schriftstellerin Helene Götzendorf-Grabowski (Helene v. Maderny) in ihrer Novelle *Glück,* die sie eine *Sodener Novelle* nannte. In den meisten Gärten standen den Gästen hölzerne Lauben oder Liegehallen zur Verfügung. Ergänzend dazu bemühten sich die Gastgeber, ihren Gästen die verschriebenen Bäder so bequem wie möglich in eigenen Badestuben zu verabreichen. Während der Jahre der rückläufigen Kurgastzahlen entstanden wenig Neubauten, stattdessen bemühten sich die Hausbesitzer, ihre Häuser zu modernisieren und komfortabler zu machen. Nach der Wende zum 20. Jahrhundert nahm die Bautätigkeit in Soden wieder einen großen Aufschwung; reichgegliederte Fassaden lösten die einfache Bauweise der spätklassizistischen Kurvillen ab.

Das Sommerelysium der Mainstadt

Was fanden die Frankfurter Familien im 18. Jahrhundert in dem dörflichen Soden vor, wenn sie, die städtische Enge verlassend, mit der Kutsche in dem kleinen Ort ankamen? Außer den beiden *Badhäusern* - Gasthöfen mit Badeeinrichtungen - in nächster Nähe von Warm- und Milchbrunnen und einer Salinenanlage zur Salzgewinnung, nur niedrige Bauernhäuser und eine Kirche am Fuße des Dachbergs.

Der spätere Kurpark war noch eine Schafweide, primitive Einfassungen umgaben die Quellen, unbefestigte Wege waren den langen Röcken und Stiefeletten der Damen nicht sehr zuträglich. Sowohl zum Aufenthalt im 1722 entstandenen *Frankfurter Haus (Frankfurter Hof)* als auch im *Nassauer Hof* von 1770 brachte man sich außer Betten, Geschirr und Besteck selbstverständlich auch einen Teil seiner Dienstboten mit. Einer dieser Kurgäste war der Frankfurter Archivrat Dr. Beyerbach. Mehrere Kuraufenthalte in Soden hatten seine Gesundheit wiederhergestellt und so entschloß er sich 1808 im heutigen Wilhelmspark ein Haus zu bauen, das mehr Annehmlichkeiten bieten sollte als die beiden Gasthöfe. Als beim Fundamentieren drei Quellen zutage traten, entschloß er sich sofort, statt des geplanten Sommerhauses eine Kurvilla mit Badeeinrichtung zu bauen.

Die Salinen am Fuße des Burgberges wurden wegen Unrentabilität stillgelegt, ein Teil verbrannte 1812, den Rest trug man beim Bau der Königsteiner Straße ab. Im Jahre 1818 rühmte der Frankfurter Pfarrer, Lehrer und Historiker Anton Kirchner in einer Beschreibung Soden als Ort ländlicher Anmut, durchkreuzte jedoch die Schilderung der Idylle mit den Worten: *Aber das Tempe der Badelust selbst, von dem es handelt, ist ein schmutziges Dorf, wo es fast an allem fehlt, was die Zeit verkürzen und zum Lebensgenuß beitragen kann.* Der kleine Kurort jedoch wurde immer beliebter; neben der guten Heilwirkung seiner Quellen entsprach er wohl der Gefühlslage des frühen Biedermeier, die das kleine Glück im häuslichen Kreis und die Hinwendung zur Natur schätzte.

In Soden wußte man aber auch sehr wohl, daß Investitionen dringend nötig wurden, zudem man erkannte, daß die Bewirtung der Kurgäste eine gute Einnahmequelle darstellte. Die Eröffnung der neuen Verkehrsverbindung, der Chaussee von Höchst über Königstein nach Köln, sowie zahlreiche Veröffentlichungen über die Wirksamkeit der Sodener Quellen, brachten immer mehr Kurgäste nach Soden. 1820 entschloß man sich, im alten Ortskern gegenüber der Kirche ausgedehnte Hofreiten abzureißen, um den Quellenpark anlegen zu können, der 1856/57 und 1872 mehrere Erweiterungen erfuhr. 1822 begann man, die sumpfige Schafweide an der neuen Chaussee nach und nach in einen Kurpark umzuwandeln. An dieser Straße entstanden ab 1828 zunächst Gasthäuser, in den dreißiger Jahren dann die ersten Kurvillen und ein Hotel. Die Zahl der Kurgäste überstieg erstmalig die Zahl 1000. 1838 wurde eine *Sommer-Apotheke* eingerichtet, die 1857 durch eine ganzjährig geöffnete Apotheke ersetzt wurde. Im Jahre 1841 wurde Sanitätsrat Dr. Otto Thilenius der erste Brunnenarzt (Badearzt) Sodens.

Die Eisenbahn bringt Gäste aus aller Welt

Unter Federführung des Frankfurter Bankhauses Bethmann betrieb eine Aktiengesellschaft den Bau einer Eisenbahnlinie von Höchst nach Soden im Anschluß an die bereits bestehende *Taunusbahn* Frankfurt-Wiesbaden. 1847 fuhr der erste Zug dampfend in den Sodener Bahnhof ein, der kleine Kurort hatte also sehr früh eine Bahnverbindung bekommen. Die Konzession für den Bau der Bahn war mit der Verpflichtung gekoppelt, ein Kurhaus zu errichten. Es fand seinen Platz im oberen Teil des Kurparks. So war endlich ein gesellschaftlicher Mittelpunkt für Sodens Kurleben geschaffen worden.

Die in Frankfurt erscheinende *Didaskalia* (Blätter für Geist, Gemüth und Publizität), eine täglich erscheinende Zwei-Blatt-Gazette, die ihre Leser u.a. mit zeitkritischen Betrachtungen unterhielt, stellte in ihrer Ausgaben vom 25.6.1837 bereits einen Kausalzusammenhang zwischen der Einführung des neuen Beförderungsmittels Eisenbahn und der Hoffnung auf sorgfältigere Behandlung von Kurgästen her. Mit zwingend erscheinender Logik bietet sie folgende Überlegung an: *Wenn ein Arzt jetzt zum Kranken sagt: Reisen Sie!, so will er sich fast immer seiner entledigen; und in der That stirbt im Laufe jeden Jahres eine furchtbare Anzahl dieser von den Medicinern Verbannten. Aber mit der Eisenbahn wird er diesen Kranken nicht so leicht loswerden. Ein Patient, der den Arzt, an seiner Heilung verzweifelnd, in ein entferntes Land schickt, wird oder kann in einigen Tagen wieder zurückkehren, seinen Rath einklagend, gebieterisch Heilung von ihm fordernd. Denn das ist die Forderung aller Kranken. Die Eisenbahnen werden mithin die Ursache seyn, daß die Ärzte, statt ihre Patienten zu vernachlässigen, gezwungen seyn werden, ein ernstliches Mittel für die bisher unheilbare Krankheit zu suchen.*

Die Hoffnung erfüllte sich nicht. In der Zwischenzeit hatte Soden aufgehört ausschließlich die Sommerfrische Frankfurter Familien zu sein. Aus ganz Europa, besonders aus Polen und Rußland kamen Kurgäste, darunter Schwerkranke, denen die Eisenbahnverbindung erst weite Reisen ermöglichte. Selbst Schwindsüchtige im letzten Stadium ihrer Krankheit brachte man nach Soden.

Die Heilungserwartung war groß, wir sahen sie eingemeißelt in weißen Marmor. Bei einem Gang über den Friedhof in Frankfurt-Bornheim fiel unser Blick zufällig (zufällig?) auf eine Tafel, deren ergreifende Inschrift von großer Hoffnung und tiefer Resignation spricht. *Ruhe sanft in kühler Zelle nach den Leiden deines Lebens. Auch an Sodens milder Quelle suchtest Heilung du vergebens. Lebenswunsch, Genesungshoffen zogen dich vom heim'schen Herde. Ach, dein Grab es stand schon offen, Ruhe sanft in kühler Erde.*

Bauen, Boom und Badeleben

In einem Ratgeber und Führer durch den Kurort wird geschildert wie Soden, ohne seinen anmutigen und idyllischen Charakter zu verlieren, *in dem es den Werktagskittel abstreifte, ein ländliches Sonntagskleid anlegt, welches den Städter so sehr entzückt und freundlich anlächelt.* Die Veränderung beruhte auf einer sehr lebhaften Bautätigkeit. In den Jahren 1850 bis 1860 entstanden die Alleestraße (früher Lindenallee genannt) und der Wiesenweg, die frühere Wiesenpromenade. 47 hübsche neue Villen, davon allein 30 zwischen 1856 und 1858 erbaut, boten den Kurgästen komfortablere Wohnmöglichkeiten.

Im Hinblick auf die gestiegene Gästezahl mußte sich Soden zu einem erweiterten Angebot seiner Kurmittel entschließen. Eine Bretterbude, die 1856/58 bei der Erbohrung des Solsprudels im Kurpark als Bauhütte gedient hatte, wurde zu einem provisorischen Badehaus hergerichtet, das in 10 sehr unkomfortable Badekabinette unterteilt wurde, in denen aber z.B. 1861 ca. 3 500 Bäder bereitet wurden. Dieses Provisorium bestand bis zum Bau des Badehauses 1871. Man führte eine Kurtaxe ein, mit deren Hilfe auch die Kurkapelle unterstützt wurde, von der es im Bericht des Bade-Commissars wenig schmeichelhaft geheißen hatte: *Die Kurmusik genügt selbst einfachen Anforderungen nicht.* Als *Russenjahr* gilt in Soden das Jahr 1860, in dem besonders viele russische Kurgäste den Sommer hier verbrachten, unter ihnen Turgenjew und die Tolstois. Leider gingen die Fremdenlisten auch für dieses Jahr verloren.

Von den Sodener Ärzten in unregelmäßigen Abständen herausgegebene *Kurführer* waren für uns eine wichtige Informationsquelle. Die Ausgaben von 1868 und 1873 enthielten erstmals aufschlußreiche Lagepläne und Häuserverzeichnisse. Zu dieser Zeit zählte Soden 1400 Einwohner und 220 Häuser; fünf praktizierende Ärzte versorgten Kurgäste und Einheimische. Im Jahre 1872 erlebte Soden seine erfolgreichste Kursaison; unter den 3567 Kurgästen befanden sich 403 Russen, 114 Holländer, 108 Amerikaner, aber nur noch 430 Gäste aus Frankfurt. In früheren Jahren litten bekanntlich die gutsituierten Frankfurterinnen pünktlich mit Beginn der Kursaison an *dem bedenkliche hohle Huste* und bekamen die *Sodener Krankheit*, natürlich nur ein Vorwand, um sich mit Freundinnen und Bekannten in Soden zu treffen.

Der Bade-Commissar weist stolz auf die Anwesenheit von Königlichen Hoheiten, Prinzen und Prinzessinnen, Durch- und Erlauchten, Baronen und Grafen hin, die mit Familie, Adjutanten und Dienerschaft zur Kur nach Soden kamen. Wichtiger für unser heutiges Verständnis sind Gäste, die sich im Bereich der Musik, Literatur, darstellenden Kunst und Technik einen Namen machten. Trotz aller prominenten Gäste galt für Soden noch immer die Devise *lieblich und einfach*.

Dr. Heinrich Koehler sieht in einer Beschreibung aus dem Jahre 1873 *die charakteristischen Eigenthümlichkeiten des Sodener Curlebens* sehr positiv: *Der Mangel jeder aufreizenden Leidenschaft, das friedliche Stilleben in einem ländlich gemüthlichen und doch eleganten Orte, die Anmuth und Schönheit der Umgebung, sowie der ungezwungene geistige Verkehr mit einer gebildeten Gesellschaft. Eine rigoröse Balltoilette* wird für unangebracht gehalten, weil *das Einfachste am Besten mit der Natur harmoniert und die ungeschmückte Najade alles Geputze lächerlich findet.* Es wird auch empfohlen *den natürlichen Bedürfnissen Folge zu leisten, weil jede Zurückhaltung der Art höchst schädlich auf den Organismus wirkt.* Kritische Kommentare galten immer wieder dem schlechten Zustand der Straßen und Spazierwege, die durch landwirtschaftliche Fahrzeuge und Schafherden für Fußgänger unpassierbar gemacht wurden, da sie bei Regen völlig verschlammten und bei Trockenheit große Staubwolken entwickelten. Man versuchte jedoch durch Benetzen der Straßen mit Wasser gegen die Staubentwicklung anzugehen.

Wie verlief der Tag für einen Kurgast in Soden?

Die Badeärzte empfahlen um 6 Uhr morgens den Gang zur verordneten Quelle oder Molkenkur, wo die Kurkapelle bereits, mit einem Choral beginnend, den Tag eröffnet hatte. Nach dem einfachen Frühstück folgten Liegekur oder ein gemächlicher

Spaziergang und Bad. Letzteres muß eine umständliche Prozedur gewesen sein, denn in einer zeitgenössischen Beschreibung heißt es: *Die Bäder werden zweckmäßig in hölzernen Wannen fast in allen Häusern, wo Kurgäste wohnen, bereitet, und theils durch Zumischung von heißem Salzwasser, theils durch Dampf erwärmt, welcher unter die mit kaltem Wasser gefüllte und mit doppeltem Boden versehene Wanne strömt.* Recht üppig durfte das Mittagessen sein, das man entweder im Restaurant einnahm oder sich von *Garküchen* aufs Zimmer schicken ließ. Nach ausgedehnter Mittagsruhe erging man sich zur Kurmusik im Park, aber auch Kutschfahrten und Eselsritte in die Umgebung waren beliebt. Zwischen Abendessen und der Polizeistunde um 21 bzw. 22 Uhr blieb wenig Zeit, das Angebot an abendlichen Zerstreuungen war jedoch nicht groß. *Italienische Nacht im Kurgarten mit aus Frankfurt verschriebenen japanischen Papierlaternen* oder *Konzert mit Illumination* bildeten schon berichtenswerte Höhepunkte der Saison. Kein Arzt unterließ Hinweise auf die wesentliche Wirksamkeit der geistigen Entspannung auf den Kurerfolg. Die Benutzung der Leihbibliothek und feingeistige Gespräche wurden empfohlen.

Der Weg aus dem Dilemma

Sodens Ruf, vorzugsweise Bad für *Brustkranke* zu sein, wurde nach 1872 zu seinem Dilemma. Die Furcht vor Ansteckung in *dem Ort wo so viel gehustet wurde,* ließ die Kurgastzahlen in einer Zeit wirtschaftlicher Konsolidierung durch Reichsgründung und technischen Fortschritt stetig sinken. Alle Bemühungen, die Kurangebote zu verbessern - Modernisierung des Kurhauses, Erbauung der Trinkhalle, Einrichtung eines Inhalatoriums im alten Krughaus, Anlage des Lawn-Tennis-Platzes, bedeutende Verbesserung der hygienischen Verhältnisse, Gasbeleuchtung oder auch der Einbau moderner Kamine zur besseren Beheizung der Kurvillen oder Hotels - bewirken keine Wiederbelebung. Erst nachdem Sodens Ärzte sich unter dem Eindruck der Entdeckung der Tuberkulose-Erreger durch Robert Koch 1882, in Veröffentlichungen massiv gegen die weitere Behandlung Tuberkulosekranker in Soden einsetzten, stiegen ab 1896 endlich wieder die jährlichen Kurgastzahlen auf das Niveau der 1850er Jahre.

In die Liste der seither bekannten Heilanzeigen für *Brustkrankheiten, Katarrhe, Magen-Darmleiden, Sexualkrankheiten des Weibes, Rheuma und Hautkrankheiten* wurden nunmehr auch Herzkrankheiten aufgenommen. Soden erlebte eine neue Blütezeit. Es war der Kurort ohne Mondänität geblieben *wo das Badeleben keinerlei Anregungen bot*, wie es einmal heißt. Ein anderer Kurgast empfand es so: *Die Magie des stillen Eilandes machte mich träumerisch wie einen Lotusesser.* Das Kur- und Badeleben war - nicht nur in Soden - dem gutsituierten Bürgertum und dem Adel vorbehalten. Für den überwiegenden Teil der Bevölkerung kam selbst bei schweren Erkrankungen eine Kur nicht in Betracht, da ihre finanziellen Mittel oft nicht für das tägliche Leben ausreichten. Um auch Bedürftigen einen Kuraufenthalt zu ermöglichen, gründeten wohlhabende Frankfurter Bürgerfamilien Stiftungen. So entstanden in Soden 1856 das *Haus Bethesda*, 1886 die Israelitische Kuranstalt und 1890 das Kinderheim des Vereins zur Bekämpfung der Tuberkulosegefahr. Für herz- und rheumakranke Mitarbeiter ließen die Farbwerke Hoechst 1903 im ehemaligen *Haus Frankfurt* ein Erholungsheim einrichten, das sich bald als zu klein erwies und den Neubau in der Kronberger Straße erforderlich machte.

Die Einführung der sozialen Krankenversicherung bewirkte nach dem Ersten Weltkrieg eine völlige Umstrukturierung des Kurwesens. Sanatorien und Kurheime entstanden und lösten den individuellen Badeaufenthalt in Kurvillen und Hotels weitgehend ab. Diesen Kurvillen und Hotels, Badhäusern, Gasthöfen und Privathäusern, in denen Zimmer an Kurgäste vermietet wurden, galt unsere Arbeit.

Hotels, Kurvillen und Gästehäuser

Adlerstraße

Kaltlochgaß hieß die heutige Adlerstraße im umgangssprachlichen Gebrauch, aber auch schriftlich wird sie unter diesem Namen erwähnt. Die Bezeichnung soll von dem kalten Luftzug, der oft in dem in Ost-Westrichtung gelegenen Sträßchen unangenehm zu spüren war, herrühren. In den Stockbüchern und auf alten Ortsplänen gehörte es zur Klausstraße und wurde auch Kleine Klaus genannt. Den Namen Adlerstraße erhielt es schließlich von dem Gasthaus und späteren Hotel Adler, das seit 1828 an der Ecke Königsteiner Straße stand.

Adlerstraße 10

In der Oppermannschen Chronik ist zu lesen: *Israelitische Restauration von David Stern, Adlerstraße 2, war früher Ölmühle, ..., dann im Besitz von Bethmann-Borgnis.* Wir fanden im Stockbuch, daß David Stern und Magdalena geb. Rothschild 1850 ein zweigeschossiges kleines Haus kauften, das hinter dem großen Haus Killian (Königsteiner Straße 63) stand. Sie richteten ein streng rituell geführtes Restaurant ein und vermieteten auch Zimmer an Kurgäste, ausschließlich an jüdische Glaubensgenossen. Seit 1863 war David Stern Vorsteher der jüdischen Kultusgemeinde Sodens. 1864 erfolgte ein Erweiterungsbau für eine geräumige Küche und eine Waschküche, die dringend nötig geworden waren. Blümchen und Ida Stern, die Töchter, erbten 1897 das Anwesen und führten Restaurant und Vermietungsbetrieb weiter. 1901 wurde wegen Baufälligkeit einer Fachwerkwand die Errichtung einer neuen Straßenfassade erforderlich. Die Schwestern beantragten 1926 die Vergrößerung zweier Fenster zu einem Schaufenster, da ein Lebensmittelgeschäft eingerichtet werden sollte. Blümchen (Blüma) Stern starb 1936 neunzigjährig. Wir kennen ihre Lebensdaten von ihrem Grabstein auf dem Bad Sodener jüdischen Friedhof, wo auch ihre Eltern begraben sind. 1938 ging das Haus in andere Hände über. 20 Jahre später erfolgte die Abbruchverfügung. Ein moderner Zweckbau mit Ladengeschäft steht heute an seiner Stelle.

Adlerstraße (Goldener Löwe)

Goldener Löwe

Der zur Fußgängerzone umgestalteten Adlerstraße könnte der stattliche Fachwerkbau des Gasthofes *Zum Goldenen Löwen* Mittelpunkt und Zierde sein. Unverständlicherweise wurde er in den 1960er Jahren abgerissen. Die erste Erwähnung im Stockbuch erfolgte 1808, als Major Friedrich David Bartholomäus Vogt das Haus, dessen Baujahr wir leider nicht ermitteln konnten, an Martin Kern und seine Ehefrau Eleonore verkaufte. Die Tochter Maria Elisabethe und ihr Ehemann Georg Dinges kamen 1812 durch Erbteilung in den Besitz des Anwesens und erhielten die Genehmigung zum Betrieb einer Branntweinbrennerei und die

Schildwirthschafts-Gerechtigkeit für ihr Gasthaus Zum Goldenen Löwen. Laut Brandkataster gehörte 1816 schon ein Kelterhaus zum Anwesen des Georg Dinges. 1843 erbte Martin Dinges das Gasthaus und nahm 1867 Umbauten vor. 1874 gelangte es durch Erbschaft an Heinrich Dinges V. In den Kurlisten erscheint dann der Goldene Löwe nicht mehr als Gasthof.

Alleestraße

Mitte des 19. Jahrhunderts begann die Bebauung der *Lindenallee* (heute Alleestraße) außerhalb der bis dahin bestehenden Ortsbegrenzung am Wiesenweg. Die Reihe der noch heute erhaltenen Kurvillen Königsteiner Straße 39/Ecke Alleestraße Nr. 2-4, 6, 8 und 12, die nur durch den Neubau der Nr. 10 störend unterbrochen wird, vermittelt noch ein eindrucksvolles Bild von der offenen Villenbebauung, bei der die Vorgärten Teil der Straßenplanung waren. Die Kurvillen wurden z.t. als Einzelobjekte innerhalb der Gesamtanlage in die Denkmaltopographie aufgenommen.

Alleestraße/Königsteiner Straße 39

Das Eckhaus Königsteiner Straße/Alleestraße sowie das Doppelhaus Nr. 2 und 4 an der Lindenallee, wie die Alleestraße damals noch hieß, entstanden in den Jahren 1856-58. Aus dem Stockbuch wissen wir, daß der Architekt Franz Ober bereits im Jahre 1852 Grundstücke an der projektierten Lindenallee gekauft hatte. Es steht fest, daß er das Eckhaus baute und gilt als wahrscheinlich, daß das anschließende Doppelhaus mit den Erkertürmen an beiden Seiten, da es im Stil und Dekor recht ähnlich ist, auch nach seinen Plänen entstand. Dank des enormen Aufschwungs des Sodener Kurbetriebes in diesen Jahren, fand man den Mut, großzügige Kurvillen neuen Stils zu errichten. In Annoncen pries man die weite Sicht bis zum Odenwald (die andere Seite der Straße blieb ja noch lange unbebaut), die hohen lichten Räume und die Sonnenbalkone auf der Südseite.

Franz Ober und Marie geb. Jung besaßen das *Haus Rheinfels* bis 1869, dann kauften es die Schwestern Franziska, Amalie und Wilhelmine Köhler aus Braubach, die auch das Nachbarhaus *Stolzenfels* besaßen und beide Häuser gemeinsam als Kurpension führten. Ob die Namen Rheinfels und Stolzenfels eine Reminiszenz an die Heimat der Schwestern am Rhein ist, wissen wir nicht, es wäre aber möglich. 1897 erbte der Neffe Dr. Jean Köhler das Haus, der ein Inhalationshaus (Gurgel-Cabinet) im Garten zwischen

Rheinfels und Stolzenfels einrichtete. 1899 ging das Haus durch Kauf an Isfried Weilburg, ebenso das benachbarte Doppelhaus. 1910 erscheint es in einem Inserat als Hotel mit koscherem Restaurant im Besitz des M. Neuhof. Die Küche wurde streng rituell *unter der Aufsicht Sr. Ehrwürden Herrn Rabbiner Dr. Breuer aus Frankfurt* geführt. Michael Neuhof starb 1921, sein Grab befindet sich auf dem hiesigen jüdischen Friedhof. 1982 wurde das stark heruntergekommene Haus vollständig renoviert und mit einem Anbau versehen, in dem Praxis- und Geschäftsräume entstanden sind. Der große Vorgarten wurde beim Umbau entfernt.

Haus Rheinfels

Alleestraße 2

Haus Stolzenfels war seit seiner Erbauung 1858 im Besitz der Schwestern Franziska, Amalie und Wilhelmine Köhler aus Braubach, die es nach Zukauf des benachbarten *Rheinfels* mit diesem zusammen als Kurpension führten. 1881 werden als Besitzer Fräulein Wilhelmine Köhler und Dr. Heinrich Köhler genannt, der hier im Hause seine Praxis einrichtete. Sein Neffe Dr. Jean Köhler führte sie ab 1897 weiter, bis er zwei Jahre später nach Freiburg verzog. 1899 ging das Haus, wie die benachbarten Häuser, an Isfried Weilburg; 1912 erscheint Heinrich König als Besitzer des Doppelhauses, der beide Häuser als Mietshäuser nutzte. Einzelne Mieter nahmen aber unter dem Namen *Stolzenfels* Kurgäste auf. Die schönen gußeisernen Balkone wurden bei der Renovierung des Hauses mit einbezogen, die Lamellenladen sind nicht mehr vorhanden und auch der Vorgarten mit dem alten Zaun mußte verschwinden.

Haus Stolzenfels

Alleestraße 4

Nach dem Bauherrn des Hauses, Philipp Stark, erhielt es zunächst den Namen *Starkenburg*. Es wurde zwischen 1856 und 1858 errichtet. Frau Ermine Tatlock geb. von der Hellen zu Werden erwarb es 1869 und nannte es, im Anklang an ihren Mädchennamen, *Hellenia*. 1886 war es in Händen von Hermann Liebscher und Constantia Gedlach. Ein Inserat in der Kurliste von 1891 besagt, daß Dr. med. Henry Hughes, Badearzt und Mitbegründer des Burgberg-Inhalatoriums, in diesem Hause wohnte und praktizierte. *Massage, deutsche und schwedische und apparative Heilgymnastik* in seinen Räumen empfiehlt er den Kurgästen. 1892/93 weisen die Kurlisten für dieses Haus Fräulein Köhler als Vermieterin aus. 1896 erwarb es Dr. Jean Köhler. Wie auch die Häuser *Rheinfels* und *Stolzenfels* ging die *Hellenia* 1899 an Isfried Weilburg, 1912 war es im Besitz von H. König.

Das Haus wurde 1988 anläßlich des Umbaus des Kellerlokals mit einem neuen Fassadenanstrich versehen. Leider fiel dieser Aktion die schöne alte Glyzinie zum Opfer, die mit ihren blauen Blütentrauben immer eine große Zierde des Hauses gewesen ist. Auch die Vorgärten dieses Doppelhauses wurden entfernt und durch Pflaster ersetzt. Zu bedauern ist auch der Verlust der gußeisernen Brüstungsgitter, der dreigeschossigen Balkone, an deren Stelle nun weniger erfreuliches Material Anwendung fand. Das Haus steht wie seine Nachbarn unter Denkmalschutz.

Alleestraße 6

Auch dieses Haus wurde um 1858 gebaut. Johann Reus heißt sein erster Eigentümer. Das große dreistöckige Haus mit den über alle Etagen reichenden Balkonen ging 1889 durch Erbschaft an Johann Wilhelm Keller und blieb danach lange im Besitz seiner Töchter Marie, Hanni und Hedwig. Als *Haus Sans Souci* war es während vieler Jahrzehnte immer gut ausgebucht. Familie Keller war stolz auf ihre vielen treuen Gäste aus Rußland, die alljährlich für 4 bis 6 Wochen mit Familie und Bedienung zur Kur nach Soden kamen. Bis in die 1960er Jahre blieb das Haus im Besitz der Familie und wurde kontinuierlich als Kurvilla genutzt, gehört also zu den wenigen Häusern, die mehr als ein Jahrhundert ihre ursprüngliche Funktion beibehielten.

Villa Sans Souci

Nachdem Wilhelm Keller 1895 verschiedene Aus- und Umbaumaßnahmen durchgeführt hatte, blieb das Haus bis zu einer grundlegenden Renovierung 1989 unverändert. Der niedrige Keller wurde nun zu einem Tiefgeschoß abgesenkt, das gewerblich genutzt wird. Während der Bauarbeiten ergab sich die Möglichkeit, das freiliegende Fundament des Hauses zu sehen: eine nicht gerade sehr stabil wirkende Zusammenfügung von Feldsteinen, Schieferplatten und Mörtel, die jedoch immerhin 130 Jahre lang das Haus trug. Im Inneren entkernt und völlig neu gestaltet, ging man die

Restaurierung der Fassade mit großer Sorgfalt an. Die Übertünchung der Sandsteinlaibungen wie auch der Dekorfelder mit den Sternen wurde entfernt, die Brüstungsgitter der Balkone original belassen. Einzig die Lamellenläden sind schlanker geworden, da nun Faltläden angebracht wurden. Statt des Vorgartens hat man einen kleinen abgetreppten Garten angelegt. Unumgänglich, aber doch sehr zu bedauern: der Verlust der alten, weithin bekannten Glycinie, die alljährlich im Mai die filigranen Balkone mit ihren Blüten überzog.

Das schöne Haus wurde als Teil des Ensembles der unteren Alleestraße und Ortserweiterung Mitte des 19. Jahrhunderts als baukünstlerisch wertvoll unter Denkmalschutz gestellt. Im Zuge der Renovierung wurde an der Rückseite ein Treppenhaus angefügt.

Alleestraße 8

1858 kauften August Bretzigheimer und Catharina geb. Duß (auch Duhs geschrieben) das neu errichtete Haus, 1862 erwarb es die Witwe Haniel geb. Schlichter aus Ruhrort. Eine Frau Portmann erscheint in den Kurlisten von 1868 und 1873 als Vermieterin im Hause *Lindenthal*. Im Frühsommer des Jahres 1884 beherbergte sie illustre Gäste: Ihre Durchlaucht Prinzessin Adele zu Hohenlohe-Ingelfingen von Koschentin (Oberschlesien) nebst Marie Balbinsky, Gesellschaftsdame, und Dienerschaft; Seine Durchlaucht der Rheingraf Prinz Karl zu Salm-Horstmar nebst Durchlauchtigster Gemahlin, Prinzessin Elise geb. Prinzessin zu Hohenlohe mit Dienerschaft, aus Höxter.

1885 erbte Ernst Schlichter das Haus, vier Jahre später ging es an Bernhard Jacob und schließlich 1893 an Joseph Kolb aus Rostock und Franz Mees. Wahrscheinlich war es schon vor 1890 in ein Mietshaus umgewandelt worden, kurz vor dem Ersten Weltkrieg jedoch nahmen einzelne Mieter wieder Kurgäste auf. Spätestens ab 1914 richtete der neue Besitzer, Adam Zengeler, auf dem Grundstück eine Spenglerei ein, Kurvermietung fand nicht mehr statt.

Haus Lindenthal ist deutlich schlichter und weniger aufwendig gebaut als seine Nachbarn auf der rechten Seite. In den 1990er Jahren fand eine umfassende Renovierung statt.

Alleestraße 10

Die Kurpension *Karlsbad* wurde 1970 abgerissen, um einem Wohn- und Geschäftshaus Platz zu machen. 1858 war das dreistöckige Haus im Besitz von Carl Duhs/Duß und Marie geb. Reuß, wahrscheinlich waren sie auch die Bauherren. Nach einem Umbau 1867 kam es an Luise und Elisabeth Rühl (Schreibweise auch Riehl). Es diente von Anfang an als Kurpension und empfahl sich 1899 in einer Annonce als *altrenommiertes Kurhaus mit reeller, freundlicher und gewissenhafter Bedienung.* Die Schwestern Rühl führten es bis mindestens 1910 und auch der nachfolgende Besitzer, Theodor Beiker, vermietete weiterhin an Kurgäste.

Alleestraße 12

In schönster Lage, Lindenallee, ruhig, staubfrei. Große luftige Zimmer, Badeeinrichtung, schöner Garten mit Lauben, so wird die *Villa Westphalia* in einer Annonce dargestellt. Ihre Erbauer, Carl Duhs/Duß und Marie geb. Reuß, haben 1868/69 sicher all ihre Erfahrungen, die sie beim Bau und Betrieb des gegenüberliegenden Hauses *Karlsbad* erworben hatten, in dieses Haus eingebracht.

Die Oppermannsche Chronik berichtet, daß die Fürstin von Waldeck geb. Prinzessin von Nassau, die vorher immer im *Grandhotel de l' Europe* abgestiegen war, bei ihren Kuraufenthalten in den Jahren 1879-1882 nun in der *Westphalia* wohnte. Ab 1888 führte die Tochter des Ehepaares Duß mit ihrem Ehemann Adam Christian IV die Kurpension weiter. Anfang des Jahrhunderts kam das Haus in den Besitz der Familie Waldbock. Anna Waldbock führte den Betrieb noch bis in die 1950er Jahre als Pension weiter.

Das schiefergedeckte Haus überstand die Zeit ohne sichtbare Veränderung an seinem äußeren Erscheinungsbild und vermittelt mit seinen glasüberdachten Gußeisenbalkonen und der Laube in dem mit

Goldregen, Magnolie und Fliederbüschen bestandenen Garten noch einen guten Eindruck einer Kurvilla aus dem letzten Drittel des ausgehenden 19. Jahrhunderts.

Villa Westphalia

Aus Gründen der künstlerischen und ortshistorischen Bedeutung wurde das Haus, ein verputzter Fachwerkbau, auch als Teil der Gesamtanlage Alleestraße, in die Liste der denkmalgeschützten Kurvillen aufgenommen. Die Laube gilt als letztes Beispiel ihrer Art aus der Vielzahl ähnlicher Pavillons in Soden; sie hatte ein Pendant an der Ecke zur Brunnenstraße.

Alleestraße 13/15

Der Bauunternehmer Johann Bettenbühl aus Eschborn baute diese beiden Häuser in den Jahren 1902 bis 1904 als Doppelhaus. In Unterlagen aus der damaligen Zeit wird von *Landhaus-Stil* gesprochen. Das Eckhaus diente im Besitz des Joseph Klesse, der es 1906 erworben hatte, als Wohnhaus, und als solches wurde es auch nach Übernahme durch die Farbwerke Hoechst 1927 genutzt. In ihren Akten wurde es als *Beamtenwohnhaus* geführt. Das Haus Nr. 13 befand sich 1927 im Besitz von Frau Robert Deinhardt Wwe. Nach dem Zweiten Weltkrieg erhielt es den Namen *Fremdenheim Baseler Haus*, geführt von der Eigentümerin des Hauses, Robertine Rick.

Alleestraße 18

Die Bebauung der Alleestraße (Lindenallee) endete vorläufig mit dem Bau der *Westphalia* (Nr.12). Erst nach 1900 entstanden im weiteren Verlauf der Straße eine Reihe privater Villen. Die Nr. 18 *Villa Lamousé* wurde 1910 von Bauunternehmer Ludwig Ewald jr. aus Sulzbach errichtet und 1914 von Paul Lamousé erworben. Da der Name nicht in den Fremdenlisten erscheint, ist anzunehmen, daß die Villa nur als Privathaus genutzt wurde. 1952 erscheint ein neuer Besitzername: Schweikart. Frau Schweikart, eine Tochter des Ehepaares Lamousé, vermietete in ihrem Haus Zimmer an Kurgäste. 1988 wurde die Villa Lamousé von den neuen Besitzern, an die es nach Frau Schweikarts Tod gegangen war, sorgfältig renoviert und wird jetzt als Privathaus genutzt.

Alleestraße 20

Gleichzeitig mit dem Haus Nr. 18 baute Ludwig Ewald jr. die gegenüberliegende *Villa Astoria*, Bauherr war Familie August Wolf. Frau Wolf führte sie von Anfang an als Kurpension. Das hübsche Haus mit dem schiefergedeckten Erkertürmchen erfuhr erst 1957 beim Ersetzen der Holzveranda durch eine Massivkonstruktion mit einer Wand aus Glasbausteinen eine Veränderung seines Aussehens.

Alleestraße 24

Villa Aurora

Julius Scheuer, Getreidehändler und langjähriger Vorsteher der jüdischen Gemeinde Sodens, baute, nachdem ihm die Errichtung zweier Häuser im Garten seines Anwesens *Oranienstein* (in der Straße Zum Quellenpark) nicht genehmigt worden war, 1904 dieses repräsentative Haus, die *Villa Aurora*. Ein Inserat preist sie als *vornehmes Privathaus mit großen, luftigen Zimmern mit Balkonen mit allem Komfort der Neuzeit eingerichtet* an.

Das Haus wurde später als Firmensitz der Firma Scheuer und Wohnhaus der Familien Scheuer, Cohn, Straßburger und Grünebaum (daher zeitweise als *Villa Grünebaum* bezeichnet), genutzt - bis zur Vertreibung der Bewohner am 10. November 1938. Der von einem fachwerkgeschmückten Dacherker gekrönte Mittelrisalit der Fassadenfront zeigt je drei Fenster, von denen das jeweils mittlere eine Balkontür war. Wann die Balkone abgerissen wurden, ist nicht bekannt, jedenfalls nach dem Zweiten Weltkrieg. Den Wintergartenvorbau an der Ostseite entfernte man beim Bau des Alleehaus - Komplexes, in den das Haus integriert wurde.

Alleestraße 25

Diese Backsteinvilla ließen sich der Postdirektor Hermann Vohl und seine Frau Luise geb. Egeling aus Eisleben im Jahre 1900 erbauen. Das *Haus Nassau* - der Name ist noch heute an der Fassade zu lesen - wurde wohl nie als Kurvilla genutzt, Hinweise auf Vermietung fanden sich nicht. Da Hermann Vohl sich als Heimatforscher und Initiator des ersten Bad Sodener Heimatmuseums verdient gemacht hat, wollten wir sein Wohnhaus doch in diese Dokumentation aufnehmen.

Am Bahnhof

Hotel Rheinischer Hof

Auf dem Ortsplan von 1903 sucht man den *Rheinischen Hof* noch vergebens, erst 1905 ist er dann eingezeichnet. Leider konnten wir vom Grundbuchamt keine genauen Angaben bekommen. Es ist aber wahrscheinlich, daß Joseph Scherbel, ein Metzgermeister, der Bauherr des Hauses war. 1909 erwarb Heinrich Vogel aus Frankfurt das Haus und empfahl 1911 in einer illustrierten Annonce sein neues, komfortabel eingerichtetes Familienhotel mit großem Garten, gedeckter Veranda und *Restauration den ganzen Tag,* das er bis zu seinem Tod 1927 führte. Lediglich während des Ersten Weltkrieges erschien in einem Inserat der Name Paul Schill als Inhaber, es scheint sich aber um einen nur für kurze Zeit eingesetzten Pächter gehandelt zu haben.

Günstig direkt am Bahnhof und in unmittelbarer Kurparknähe gelegen, war das Hotel mit dem hübschen Terrassenrestaurant ein gut frequentiertes Haus, das vor dem Ersten Weltkrieg bis zu 50, danach ca. 70 Gäste beherbergen konnte. Nach Heinrich Vogels Tod führten seine Witwe und sein Sohn Eduard das Hotel weiter, das sich noch heute -erheblich erweitert- im Besitz der Familie befindet. Das in lichtem Gelb und Weiß gehaltene Haus gilt als Beispiel und historischer Beleg für die Abkehr vom klassizistisch geprägten *Sodener Sommerresidenz-Stil.* Der herausragende Teil der Frontseite mit dem neubarocken vasengekrönten Giebel, die rhythmisch gegliederte Fensteranordnung und die geformten Geländer der vier Balkone bewirken eine starke Profilierung der Fassade dieses Hotelbaus aus den ersten Jahren des 20. Jahrhunderts.

Am Kleinen Hetzel 4

Villa Lorey hieß das Haus, das die kurze Straße *Am kleinen Hetzel* abschließt (früher Lindenweg). 1840 hatten Paul Lorey und Philippine geb. Sachs ein kleines Häuschen direkt im Anschluß an das Gelände des Enoch Reiss gekauft, das sie 1857 abreißen ließen, um einen dreigeschossigen Neubau errichten zu können, in dem sie Fremdenzimmer einplanten. 1882 erbten ihre Kinder Adam und Pauline das Haus und führten es bis 1893 als Kurpension weiter. 1895 ging es durch Kauf an Bürgermeister Busz und wurde vornehmlich als Wohnhaus genutzt. Nach dem Zweiten Weltkrieg gaben die Mieter des Hauses wieder Zimmer an Kurgäste ab.

Am Thermalbad

Die Straße *Am Thermalbad* hieß ursprünglich Taunusstraße und gehört zu dem Villenviertel Kronberger-, Kaiser- und Bismarckstraße, in dem kurz nach der Jahrhundertwende in rascher Folge großzügige Villen mit reich gegliederter Fassade und den verschiedensten Stilelementen entstanden. In vielen dieser Häuser wurden einzelne Zimmer an Kurgäste vermietet, doch nur wenige wurden als Kurpension genutzt.

Am Thermalbad 1

Robert Rübsamen ist der Bauherr auch dieser Villa mit lebhafter Fassadengestaltung, die 1907 entstand. Die eingereichten Baupläne sind fast identisch mit denen des 1906 errichteten Hauses gegenüber Am Thermalbad 2, nur steht die Giebelseite nicht zur Straße. Gebaut wurde das Haus für Ludwig Gottfried Zengeler, der es *Villa Luise* nannte und als Kurvilla nutzte. Wie aus Fremdenlisten hervorgeht, fanden bis zu 12 Gäste Aufnahme.

Am Thermalbad 2

Die *Villa Pauline* baute Robert Rübsamen 1906 für Karl (auch Carl) Müller, der 1914 das Haus um einen Balkonvorbau im Parterre erweiterte. Viele Jahrzehnte diente die Villa als Kurpension, betrieben von der Familie Carl Müllers. Die Fremdenlisten weisen bis zu 8 Gäste aus. Ein Verzeichnis des Fremdenverkehrsgewerbes von 1951 nennt Pauline Müller als Gastgeberin. Seit den 1970er Jahren dient das Haus nur noch als Wohnhaus.

Am Thermalbad 3

Der Hauptlehrer und spätere Rektor Georg Becht, Leiter der Sodener Volksschule, ließ 1911 dieses großzügige Haus als Kurpension bauen. Die Baupläne zeigen, daß von vornherein Wasserleitungen und Toiletten in jedem Stockwerk vorhanden

Am Thermalbad 3 Haus Irene – Bauzeichnung –

waren, ein Komfort, der in allen schon bestehenden Häusern Sodens im Zuge des Kanalisationsbaus von 1910 bis 1915 umständliche Umbauten und Provisorien erforderlich machte. Familie Becht nannte ihr Haus *Villa Irene* und nahm ab 1912 regelmäßig bis zu 9 Gäste auf. Erfahrung mit der Beherbergung von Kurgasten hatte man bereits als Mieter des alten Gartenhauses der ehemaligen Villa Dinges auf dem Gelände des Dr. Rothschild im Kurpark gesammelt.

Schon 1907 erklärte Lehrer Becht in einem Schreiben an seine vorgesetzte Schulbehörde, daß er an Kurgäste vermieten müsse, weil die Miete für das *Villa Mathilde* genannte baufällige Haus 650 Mark betrage, er aber nur 400 Mark Wohngeld jährlich bekomme. Auch nach dem Ersten Weltkrieg führte Familie Becht die Kurpension weiter. Das Haus ist in gutem Zustand und hat offensichtlich kaum bauliche Veränderungen erfahren.

Am Thermalbad 4

Franz Pichon beantragte 1908 die *Errichtung einer Villa in geschmackvoller Ausführung.* Das Haus mit seinem großen Mansard-Dach und den neobarocken Stilelementen gleicht einem kleinen Schlößchen, das außer dem Anbau einer Garage und einer stilfremden Veranda noch immer die Intension seines Bauherrn zeigt. Frau Anna Pichon nahm bis zum Ende des Ersten Weltkrieges jeweils bis zu 9 Kurgäste auf. Später diente das Haus den nachfolgenden Besitzern als Wohnhaus.

An der Trinkhalle 2/Ecke Zum Quellenpark

Der spätere Bürgermeister von Soden, Friedrich Dinges I und Elisabeth geb. Christmann bauten zwischen 1837 -in diesem Jahr erwarben sie lt. Stockbuch das Grundstück - und 1842 dieses stattliche zweigeschossige Haus im spätklassizistischen Stil direkt gegenüber der evangelischen Kirche. Da Dinges in Soden ein weitverbreiteter Name war, wurden die einzelnen Träger dieses Namens mit zusätzlichen Unterscheidungsmerkmalen genannt. So hießen die Dinges, die der Kirche benachbart wohnten, selbstverständlich Kirch-Dinges.

Haus Dinges (Kirch – Dinges)

In ihrem Haus fanden wohl von Anfang an Kurgäste Unterkunft. Auch als Friedrich Dinges III und Sophie geb. Dinges 1884 das Haus erbten, führten sie es als Privatlogierhaus weiter, betrieben aber auch

Landwirtschaft, denn in Inseraten weist man darauf hin, daß täglich frischgemolkene Kuhmilch angeboten werde. Als 1899 ein Brand die Ställe zerstörte, beantragte Friedrich Dinges III Um- und Erweiterungsbauten der landwirtschaftlichen Gebäude. 1914 hieß der Besitzer des Anwesens immer noch Friedrich Dinges, mittlerweile aber der V, immer noch ein Kirch-Dinges, in dessen Haus man auch noch 1951 als Kurgast ein Unterkommen finden konnte.

Das direkt am Quellenpark liegende Haus bildet heute, nach sorgfältiger Renovierung, mit seinen harmonischen Proportionen und gut gewählter Farbgebung, den Sprossenfenstern und Lamellenläden, ein wichtiges Element an dem kleinen Platz nahe der Kirche. Es steht als Einzelobjekt sowie im Ensemble unter Denkmalschutz.

Brunnenstraße

Die heutige Brunnenstraße hieß in ihrem nördlichen Teil zwischen Zum Quellenpark und Clausstraße in alten Ortsplänen Kendelweg, was auf die Holzkendel zurückgeht, die einen Teil des Wassers des Sulzbachs zu der Mühle an der Königsteiner Straße leitete. Der südliche Teil der heutigen Brunnenstraße gehörte zur Wiesenpromenade und wurde nach der Erschließung der Alleestraße, Allee-Verbindungs-Straße oder -Weg genannt. Der Bach fließt seit Anlage der Wiesenpromenade unter der heutigen Brunnenstraße und tritt erst jenseits der Königsteiner Straße wieder ans Tageslicht.

Brunnenstraße 5

1861 von Peter Guckes II und Catharina geb. Ketter gebaut, erhielt das große, fast quadratische zweistöckige Haus mit Anbau, gleich den Namen *Jahreszeiten*. Ludwig Adam Weigand, der Wirt des Gasthofes Weigand am Bahnhof, kaufte es 1887. Im Jahre 1903 gelangte es durch Kauf an die Geschwister Pusch, die dort einen Druckereibetrieb einrichteten, aber auch Kurgäste aufnahmen. Eine der Schwestern Pusch heiratete Franz Petermann und führte mit ihm, neben der Druckerei, eine Kurpension, in der, wie ein Inserat von 1914 aussagt *Gelegenheit geboten ist, eigenen Tisch zu führen.* In diesem Inserat werden auch Zimmer mit Balkon angeboten. Das heute schlichte, grün verputzte Haus war also vor der Modernisierung wahrscheinlich mit den in Soden üblichen Eisenbalkonen geschmückt.

Brunnenstraße 7

Sophie Reuß ließ 1856 dieses dreistöckige Haus an der Ecke Wiesenweg/Brunnenstraße, deren Nr. 7 es heute trägt, erbauen. Sie heiratete Philipp Eichhorn und führte es mit ihm zusammen als Kurpension *Villa Marienbad.* Schon 1859 beantragten sie die Errichtung eines Badehauses *längs der Wiesenpromenade*, was offenbar abgelehnt wurde. Schließlich erstellten sie 1873 zwei Gartenzimmer mit Vorhalle im Anschluß an das Haus. Wie aus

Beschwerdebriefen von Nachbarn hervorgeht, wurde dieser Anbau doch als Badehaus benutzt.

Im Juni 1895 wohnte der Fabrikant Adam Opel aus Rüsselsheim in der *Villa Marienbad*. Vermutlich versuchte er die Folgen eines Typhusleidens, das er sich einige Jahre vorher in Holland zugezogen hatte, zu lindern. Er erlag diesem Leiden jedoch im September desselben Jahres, 58jährig.

Die zweite Frau Philipp Eichhorns, Marie, führte als Witwe die Kurpension weiter und ließ im Jahre 1900 Balkone in der Mitte der Vorderfront anbringen, wie sie an vielen Kurvillen Sodens zu finden waren. Zwei Jahre später erreichte Frau Eichhorn auch die Genehmigung zum Bau eines Gartenhäuschens außerhalb der Bauflucht, allerdings mit der Auflage, daß es jederzeit zusammengelegt und entfernt werden könnte. Aus diesem Gartenhäuschen wurde später der Kiosk, der erst 1988 abgerissen wurde. Auch die *Villa Marienbad* blieb bis vor wenigen Jahren in Familienbesitz. Unter dem neuen Besitzer erfolgte eine Renovierung des Hauses. Die Hoffnung auf Erhaltung der filigranen gußeisernen Gitter am Balkon erwies sich als falsch. Eine kompakte Konstruktion, die optisch viel zu schwerfällig auf den grazilen Trägersäulchen wirkt, ersetzte den originalen Balkon, was der Fassade ihre südlich anmutende Leichtigkeit nahm. Das Haus ist für die Denkmalschutzliste vorgeschlagen worden.

Brunnenstraße 8

Das 1858 von Georg Reul II und Elisabethe geb. Jung als zweites auf ihrem Grundstück an der Wiesenpromenade erbaute Haus hat laut Stockbuch die zunächst unverständliche Lagebeschreibung *gelegen über dem Bache*. Eine Erklärung hierfür fand sich, als 1988 das Haus niedergelegt wurde, um einem eleganten Neubau Platz zu machen. Bei den Ausschachtungsarbeiten konnte man erkennen, daß es direkt über dem Sulzbach errichtet worden war. Das Haus, dem Georg Reul eine Schmiede angefügt hatte, blieb als Wohn- und Geschäftshaus in Familienbesitz. Als Kurpension Reul weisen es

Ortspläne von 1868 und 1873 aus. In späteren Ortsplänen und in Fremdenlisten wurde es nicht vermerkt.

Brunnenstraße 9/Ecke Wiesenweg

Im Jahr nachdem Familie Reul und Familie Eichhorn auf den benachbarten Eckgrundstücken an der Wiesenpromenade Kurvillen errichtet hatten, bebaute Familie Adam und Justine Troeste 1857 das dritte Eckgrundstück mit einer dreigeschossigen Kurvilla, die sie *Alleehaus* nannten, wohl weil die Brunnenstraße damals auch Alleeverbindungsstraße hieß. Auch Peter Uhrich II und Elisabeth geb. Dinges behielten diesen Namen für die Kurpension bei, die sie von 1872 bis 1880 besaßen. Danach wechselte in rascher Folge der Besitzer (1880 Robert Fendler, 1885 Frankfurter Hypotheken-Bank, 1886 Joseph Deutsch und Margarethe geb. Zimmerschmitt, 1892 Karl Schindler, 1894 Nicolaus Schurz, 1895 Jakob Schwinn) wie auch der Hausname. Hotel *Bellevue* nannte es 1892 Karl Schindler und unter *Villa Bellevue* warb 1895 Sofie Brenner, sicher als Pächterin, um Gäste in einem Inserat. Als 1896 Eugen Wossidlo und Katharina geb. Fischer das Haus erwarben und für lange Jahre als Kurpension betrieben, gaben sie ihm den Namen "Villa Elfriede" und beherbergten jeweils bis zu 10 Kurgäste.

Nach dem Zweiten Weltkrieg diente das Anwesen einem Bauunternehmer als Wohn- und Geschäftshaus, bis es in ziemlich trostlosem Zustand 1972 abgerissen und durch ein modernes Gebäude ersetzt wurde.

Brunnenstraße 10

Im Jahr 1844 übertrugen Johannes Jung und seine Frau ihr großes Anwesen mit zwei langgestreckten niedrigen Wohnhäusern, zwei Scheunen und einem Stall, das sich am Bach zwischen dem Anfang der Enggasse und dem Wiesenweg erstreckte, auf ihren Schwiegersohn, den Schmied Georg Reul II und ihre Tochter Elisabethe, behielten sich aber das Insitzrecht vor. Als ein Teil der Wiesenpromenade entlang seines Anwesens angelegt wurde, nutzte Georg

Reul II die Chance, die ihm die Lage seines Grundstücks bot, ließ nach und nach die alten Häuser niederlegen und zwei Kurvillen errichten. Zunächst entstand das Haus Brunnenstraße 10, das 1856 Christian Schmidt erwarb. Offenbar wurde der Kauf bald wieder rückgängig gemacht, denn 1857 ist Georg Reul II wieder in seinem Besitz. 1862 verkaufte er es an August Weber und Marie geb. Best aus Ehringshausen, die es zunächst als *Kurpension Weber* führten. Nach August Webers Tod nannte seine Witwe Marie Weber ihr Haus *Villa Tremonia* und ließ wichtige bauliche Veränderungen vornehmen.

Haus Flora

So erhielt die Südfassade gußeiserne, die Mitte betonende Balkone und eine Veranda. Der Eingang des Hauses wurde an die Nordseite verlegt. Bis 1895 beherbergte die *Villa Tremonia* meist bis zu 10 Gäste. Für die Jahre 1895 bis 1899 nennt das Stockbuch als Besitzer Karl Hüttenmüller aus Frankfurt, die Pension führten zu dieser Zeit Adam Nickol und seine Frau, die Scheune und Stall zu einer Wohnung für sich und zu einem großen Speisezimmer für ihre Gäste umbauen ließen. 1899 erwarb Familie Eimicke aus Diez das Haus für ihre Tochter, die es *Villa Flora* nannte. Zunächst erscheint in Inseraten der Name Fräulein L. Eimicke als Besitzerin. Ab 1914 war Fräulein Anna Eimicke (1890 -1941) Hausherrin und führte die Kurpension auch nach ihrer Heirat mit Dr. Hans Burkhard bis zu ihrem Tod 1941. Seitdem dient das Haus nur noch Wohnzwecken. Bei einer grundlegenden Renovierung mußten die Balkone weggerissen werden, da sie baufällig geworden waren

Brunnenstraße 12

Auch von diesem Haus kennen wir das Baujahr: 1858 ließen es Lorenz und Elisabeth Preiß geb. Reul als *Haus Hohenzollern* errichten. Zwischen 1868 und 1873 entstand in ihrem großen Garten ein Badehaus. Das für die Bäder erforderliche Brunnenwasser wurde mit Eseln von den Heilquellen des heutigen Wilhelmsparks herangebracht. Da 1871 auch das gemeindeeigene komfortable Badehaus im Kurpark in Betrieb genommen wurde, ging die Frequentierung der Bäder im *Hohenzollern* schnell zurück. Der Kurbericht nennt einen Rückgang um ca. 200 Bäder. 1885 ging das Haus an Eva Schweitzer über, dann erwarb es 1891 der Schreinermeister August Haase, der dort, sehr zum Mißvergnügen seiner Nachbarn, eine Schreinerwerkstatt einrichtete. Seine Frau Susanne geb. Heil führte die *Kurpension Hohenzollern* weiter, noch 1952 steht der Name Haase als Besitzer in einem Jahrbuch. Das Haus wurde mittlerweile modernisiert.

Clausstraße

Der Name Clausstraße wird in alten Unterlagen auch oft mit *in der Klaus* (oder Claus) angegeben, wobei auch zeitweise die Adlerstraße als *Kleine Claus* bezeichnet wird.

Clausstraße 6

In der Mitte des vorigen Jahrhunderts fanden Kurgäste ohne große Ansprüche in den kleinen Bauernhäusern der Clausstraße einfache Unterkünfte. Nur zwei Häuser kann man als Kurpensionen bezeichnen: *Gutenberg* (auch Guttenberg) und *Zur Lilie*.

Bauzeichnung des Bauernhauses Gutenberg

Gutenberg: 1856 ging ein einstöckiges, langgestrecktes Haus von Jacob Kohl in den Besitz der Margarethe Kohl über, die das niedrige Haus abreißen und einen dreigeschossigen Neubau mit hohen luftigen Zimmern und einen kleinen Anbau errichten ließ. Der unter dem alten Gebäude erhaltene große Gewölbekeller wurde dem neuen

Haus integriert. 1862 gelangte das Haus in den Besitz von Philipp Born und Anna Margarethe geb. Link, die es als Kurpension Gutenberg betrieben, durchschnittlich 10 Gäste fanden dort Aufnahme. Die Töchter Caroline und Katharina erbten 1898 die Pension und führten sie bis mindestens 1912 weiter. Das Haus diente später als Geschäftshaus und erhielt nach mehreren Umbauten und Modernisierungen sein heutiges Aussehen.

Clausstraße 8

Zur Lilie hieß das Haus. Familie Jacob Heinrich Link kaufte es 1858 von Ludwig Ehb und Anna geb. Arnoth (den späteren Besitzern der *Ludwigsburg*, Königsteiner Straße 96), die es wahrscheinlich 1843 errichtet hatten. Zu diesem Anwesen gehörten auch Stallungen und ein Schlachthaus. Aus Fremdenlisten wissen wir, daß Familie Link das Haus als Kurpension eingerichtet hatte. Es blieb bis ca. 1912 in Familienbesitz. Auch Wilhelm Weidmann, der nachfolgende Eigentümer, der vorher das *Gasthaus zum Taunus* besaß, vermietete Zimmer an Kurgäste. Die *Lilie* gehört zu den Häusern, von denen wir leider weder Bilder noch nähere Beschreibung erhalten konnten.

Clausstraße 21

Laut Stockbuch bauten 1875 Martin Christian und Maria geb. Bockenheimer das 1850 erworbene Gebäude zum Gasthaus aus, Kelterhaus und Kegelbahn kamen dazu. Es bekam den Namen *Gasthaus zum Taunus*. 1899 erwarb Wilhelm Weidmann das Anwesen, ca. 1912 erwarb es Georg Steinheimer, dessen Familie es dann fünf Jahrzehnte lang besaß. Während all der vielen Jahre wurden im *Gasthaus zum Taunus*, dem langjährigen Vereinslokal der Sänger, immer einige Zimmer an Kurgäste vermietet. Das Haus ist noch in Familienbesitz.

Clausstraße 21 Gasthaus zum Taunus

Dachbergstraße 2/Ecke Zum Quellenpark

Das Haus an der Ecke zur Dachbergstraße, der heutige *Frankfurter Hof*, gehörte 1836 Salomon Meyer. Das Baujahr konnten wir nicht ermitteln. 1842 erbte Salomons Sohn Lazarus das Haus und schließlich ging es 1870 an Salomon Lazarus Meyer, einen Enkel oder Neffen. 1886 erwarb Heinrich Müller II das Anwesen. Die geplante Bäckerei durfte nicht eingerichtet werden, da zu starke Rauch- und Geruchsbelästigung im Quellenpark befürchtet wurde, weil bereits eine Bäckerei in der Nachbarschaft existierte. So kam Heinrich Müller II um eine Schanklizenz ein und erhielt sie. 1887 wurde das Haus modernisiert und eine Kegelbahn eingerichtet. Zur Erweiterung seines Gasthausbetriebes erwarb Herr Müller den großen Speisesaal samt einiger Wirtschaftsgebäude des gegenüber liegenden alten *Frankfurter Hofes*, dessen Besitzer in finanzielle Schwierigkeiten geraten war. Man spricht noch heute von den schönen Festen, die in Müllers Tanzsaal gefeiert wurden. Eine alte Sodener Dame erzählte uns von den Maskenbällen: *Im Europäischen Hof war's vornehm und elegant, beim Müller bürgerlich - aber schön!* Ab 1911 vermietete Familie Müller regelmäßig Zimmer an Kurgäste. Nach Heinrich Müllers Tod, er starb 1919 58jährig, führte die Witwe mit den älteren Kindern die Gaststätte weiter. Das kleine Hotel und die Gaststätte befinden sich noch in Familienbesitz.

In dem gewölbten Keller des Hauses nach der Straßenseite hin, befindet sich seit 1846 ein gemauerter Schacht der Wasserzuleitung für ein ehedem jüdisches rituelles Bad (Mikwe).

Dachbergstraße 3

Die Entstehungszeit des zweigeschossigen Walmdachbaues wird auf die Mitte des 18. Jahrhunderts geschätzt. 1840 erscheint es auf einem Ortsplan, allerdings in falscher Richtung gezeichnet. Es berührt das Thema dieses Buches im Zusammenhang mit dem alten *Frankfurter Hof* von 1722, dem es von 1871 bis 1898 als Dependance diente und seine Gesamtanlage nach oben abschloß. Die Lamellenläden an den im Obergeschoß höheren Fenstern, zwei Reihen siebenachsig an den Längsfronten sowie das Walmdach sind wohl in ihrer originalen Form erhalten. Das alte Haus bildete die Begrenzung des Quellenparkbereiches nach Westen.

Dachbergstraße 11

Heinrich Hild kaufte 1856 ein kleines einstöckiges Haus an der Dachbergstraße, das er 1857 in ein zweistöckiges Haus mit quadratischem Grundriß umbaute und mit einem Hinterhaus versah. Das *Maison Hild* genannte Haus konnte ca. 10 Gäste beherbergen, die seine ruhige Lage nahe der Trinkhalle sicher zu schätzen wußten. 1899 gelangte es an Philipp Kirchhof, später -zwischen 1911/14- an M. Geyer, der es auch noch als kleine, gutgeführte Kurpension leitete.

Dachbergstraße 17

Das Haus Dachbergstraße 17 diente seit seiner Entstehung 1856 als Kurpension. Nur die Schreibweise seines Namens wechselte ständig: *Zum grünen Thal, Im grünen Thal* oder *Grünen Thal*. Wwe. Sophie Bockenheimer hatte es 1856 erworben oder erbaut und es blieb bis zum Verkauf an Familie Steurer (1899) im Besitz ihrer Familie. Peter Uhrich war der nächste Eigentümer, an den es durch Kauf 1913 gelangt war. Wie die Fremdenlisten zeigen, wurde *Haus Grünenthal* vorwiegend von jüdischen Gästen besucht, die zum großen Teil in der benachbarten Israelitischen Kuranstalt verpflegt und medizinisch betreut wurden.

Dachbergstraße 19

Johann Hißnauer und Barbara geb. Heß bauten 1856 in fast noch abgeschiedener Lage dieses Haus, das sie *Philosophenruh* nannten und als Kurpension führten. 1874 verkauften sie es an Wilhelm Lange, da sie inzwischen an der Königsteiner Straße 99 die *Villa Johannisburg* gebaut hatten. Michael Moses Mainz aus Frankfurt erwarb 1886 das Haus, das dann Teil der Israelitischen Kuranstalt wurde.

Königsteiner Straße

Mit dem Bau der Königsteiner Straße in den Jahren 1817 bis 1819 wurde ein Projekt realisiert, das Soden endlich den Anschluß an eine der großen Fernstraßen (Frankfurt-Höchst-Köln) gewährte. Die neue *Chaussee*, die zunächst ohne Namen blieb, ersetzte auch im innerörtlichen Bereich den unbefestigten Weg. Erst zögernd, 1828, begann mit dem *Gasthaus zum Adler* die Bebauung.

Königsteiner Straße 33

Kurpension Mosella

Auf dem Gelände des heutigen Supermarktes stand, von der Straßenflucht der Königsteiner Straße etwas zurückgesetzt, eine bis unter das Dach grünberankte Villa. In der letzten Saison vor Ausbruch des Ersten Weltkrieges eröffneten der Postverwalter a. D. Ludwig und seine Frau Anna 1914 die Kurpension *Mosella*. Frau Ludwig hatte bereits in den Jahren 1911/12 das Haus *Oranienstein* und 1913 das Haus *Margarethe* als Kurpension verwaltet. In ihrem eigenen Haus betreute sie während des Krieges jeweils höchstens 10 Gäste; in den guten Jahren nach 1924 stieg die Zahl auf 25. Nach dem Zweiten Weltkrieg führten E. und B. Ludwig die Kurpension weiter und nannten sie 1951 *Kurheim Villa Mosella*, 1955 Hotel-Pension *Mosella*. Bald vertrieb der Verkehrslärm der Königsteiner Straße die Kurgäste dieses Hauses.

Königsteiner Straße 39

Die langjährige Hausnummer 2 der Königsteiner Straße gehört zum Kurvillen-Ensemble der unteren Alleestraße Nr. 2 und 4 (siehe dort).

Königsteiner Straße 41 - 45

Es gehört viel Phantasie dazu, sich an Stelle des nüchternen Neubaus, der heute die Nummer 43 trägt, das *Grandhotel Europäischer Hof* vorzustellen. Seine Baugeschichte ist etwas kompliziert: Sie beginnt mit dem Bau des ersten viergeschossigen Hauses in Soden - es wäre heute die Nummer 45. Friedrich August Dinges ließ es 1842 errichten, der von 1848 – 1876 achtundzwanzig Jahre Bürgermeister in Soden war. 1865 wurde es von Emil Friedrich Graf zu Bentheim und Antonetta Adriane geb. van Rees aus s'Gravenhage erworben. Aus dem Stockbuch geht hervor daß Graf Bentheim plötzlich hohe Summen auf seinen Sodener Grundbesitz aufnahm und sein Haus 1871 an seinen Nachbarn Philipp Colloseus verkaufte. Von nun an hieß es *Villa Colloseus* und diente unter Leitung von Eva Colloseus als *vornehme Kurpension*.

Und nun kommen wir auf das Grandhotel zurück. Bereits 1845 hatten der Bauunternehmer Wilhelm Morasch und seine Frau Marie geb. Schäfer ein noch größeres viergeschossiges Haus als das des Nachbarn Dinges als Gasthof errichtet. Apotheker Oppermann vermutet in seiner Chronik, der Bau sei für die Herzogin Pauline von Nassau bestimmt gewesen, ihr sei jedoch die Lage an der Hauptverkehrsstraße letztlich doch zu geräuschvoll gewesen. 1854 nennt das Stockbuch als Besitzer *Andreas Kriegsfelder's Kinder.* Noch im selben Jahr erwarb es Phillipp Colloseus aus Mainz, der es vorher schon als Pächter betrieben hatte. Unter seiner Leitung entwickelte sich das *Hotel de l 'Europe*, wie er es nannte, zu dem prächtigen Grandhotel mit allem modernen Komfort (zu dem auch *12 Bade-Cabinetten* gehörten), das wir von alten Bildern kennen. Neben illustren Gästen aus der europäischen Aristrokratie und dem Großbürgertum, beherbergte Philipp Colloseus im Sommer 1860 auch Iwan Turgenjew, der wohl wegen seiner Bronchitis zur Kur nach Soden gekommen war. Sein Vertrauen in die Heilfähigkeit der Sodener Quellen war grenzenlos, schrieb er doch, als er von der schweren Lungenkrankheit Nikolaj Tolstois hörte, an einen gemeinsamen Freund: *Weshalb kommt er nicht nach Soden? Die Wässer sind für solche Fälle am besten. Treiben Sie ihn mit Gewalt fort, die Luft z.B. ist so mild wie man es gar nicht ahnt.* Und Nikolaj kam. Turgenjews freundliche Einstellung zu Soden ging in die Literatur ein. Der Kurort und seine ländliche Umgebung fanden Aufnahme in seine Novelle *Frühlingswogen* (1871).

Hotel Europäischer Hof

1879 wurde Wilhelm Carl Colloseus, der Sohn des Vorbesitzers, Betreiber des Hotels. Vermutlich zog sich der Vater, nach Ankauf des Nachbaranwesens dorthin zurück. W. Carl Colloseus erweiterte das Hotel um einen großen Speisesaal, in dem, nach anschaulichen zeitgenössischen Schilderungen, immer glanzvolle Feste stattfanden. Es handelte sich um einen schmalen, langgestreckten Anbau bis zur Grundstücksgrenze zum *Rheinfels* hin, dessen große Fenster zwischen Sandsteinsäulen dem Saal ein großzügiges Aussehen gaben. 1900 bzw. 1902 nennt das Stockbuch Julius Colloseus als Besitzer beider Häuser, der in Inseraten auf seine beruflichen Erfahrungen als Direktor führender Hotels in Bordighera, Cannes und Grasse hinweist. 1910/11 ließ er sein Hotel grundlegend modernisieren, bedeutend vergrößern und auf den neuesten Standard bringen. Bei dieser Vergrößerungsmaßnahme entstand auch der prächtige Verbindungsbau zwischen Hotel und Villa, der wesentlich zur Erhöhung der Zimmerkapazität beitrug. Die Fremdenlisten von 1911 zählen im August 130 Gäste auf. 1913 trafen sich im Grandhotel u.a. die fürstlichen Familien von Anhalt, Schwarzburg-Sondershausen, Schönburg-Hartenstein und Galatzine aus Petersburg mit großem Gefolge und Dienerschaft.

Auch nach dem Ersten Weltkrieg, noch immer unter der Leitung von Julius Colloseus, beherbergte das Hotel beispielsweise im August 1925 einhundertfünfzig Gäste. Anfang des Zweiten Weltkrieges ging das Hotel in Staatseigentum über und wurde als Offizierserholungsheim genutzt. Nach 1945 wurde der Europäische Hof von der amerikanischen Armee beschlagnahmt und befand sich nach der Freigabe in baulich recht desolatem Zustand. Trotzdem, so versicherte man uns, sei ein totaler Abriß nicht zwingend notwendig gewesen. Das 7000 Quadratmeter große Areal wurde intensiv bebaut. In einem der Gebäude(blocks) mit Front zur Königsteiner Straße wurde in den 1980er Jahren noch einmal ein Hotel geführt, das im Anklang an den früheren Namen Europahof hieß.

Königsteiner Straße 47

Das Haus, in dessen Vorgarten heute ein prächtiger Magnolienbaum steht, ließen sich 1841 Anton Renner und seine Frau Luise geb. Koch erbauen. Seiner ganzen Anlage nach war es als Kurvilla geplant. Nur vier Jahre im Besitz von Gustav Eduard Montanari und Elisabeth geb. Koch, die es von Familie Renner geerbt hatten, gelangte es 1863 durch Kauf an Carl Müller IV und Eva geb. Ernst, unter deren Leitung es bis 1888 als *Kurpension Odessa* geführt wurde. Ferdinand Oppermann, der im Hause Königsteiner Straße 51 zwanzig Jahre lang die Apotheke besessen hatte, erwarb nach dem Verkauf seiner Apotheke 1888 nun dieses Haus. Hier arbeitete er an der für Sodens Heimatgeschichte so wichtigen *Oppermannschen Chronik* (Materialien zur Bad Sodener Geschichte, Heft 7).

Apotheker Oppermann wie auch dem Nachbesitzer seit 1898, Dr. August Haupt, diente das Haus nur noch als Wohnhaus und für Praxisräume. Abgesehen vom Ausbau des Dachgeschosses erfuhr das Gebäude in den 150 Jahren seines Bestehens kaum äußere Veränderungen, selbst die Brüstungsgitter und die Lamellenläden blieben in ihrer originalen Form erhalten.

Königsteiner Straße 48

Wo sich heute das hohe Gebäude mit dem Bad Sodener Postamt befindet, erbaute 1831 der Schultheiß Friedrich August Dinges aus dem Holz der stillgelegten Saline eine Mühle. Das zum Antrieb der Mühle benötigte Wasser sollte größtenteils aus dem Neuenhainer Tal kommen, der Rest aus dem Altenhainer Tal in gedeckten Holzkendeln entlang der heutigen Brunnenstraße, die früher deshalb z.T. Kendelweg hieß. Dieses Wasserzuleitungs-System war offensichtlich zu kompliziert - es funktionierte unbefriedigend. Man richtete in der Mühle einen Gasthof ein. Lt. einem Verzeichnis der Kurgäste von 1838 trug er den Namen *Zur Mühle*. Carl Ludwig Müller I kaufte 1840 Gasthof und Mühle *gelegen unweit Sodens an der Chaussee*, wie es im Stockbuch heißt. Herr Müller besorgte auch den Mineralwasser-Transport nach Frankfurt, was ihm den

Spitznamen *Wasserkarl* eintrug. 1855 kam das Anwesen an Adam Christian II und Catharina geb. Müller, die das Gasthaus *Schützenhof* nannten. *Restaurant Pfaff* hieß es, nachdem Georg Pfaff und Catharina geb. Breitenbach das Haus 1871 übernommen hatten. 1875 wurde der Postmeister Alexander Himmelreich Eigentümer. Er gab dem Haus den Namen *Deutscher Hof*. Georg Pfaff führte den Gasthof als Pächter weiter. 1886 kam das Anwesen an Leopold Milch, schon ein Jahr später an Heinrich Bender, lt. Oppermannscher Chronik durch Zwangsversteigerung. Dreizehn Jahre später kaufte Hermann Momberger das Haus, 1908 ist Louis Behrle, *langjähriger Küchenchef in besseren Häusern*, im Besitz der gesamten Liegenschaft. Der Vollpensionspreis belief sich in dieser Zeit auf 28 Mark pro Woche, Mittagstisch zwischen 70 Pfennig und 1.20 Mark, eine Flasche Bier frei Haus 20 Pfennig. Als Louis Behrle 1919 starb, führte seine Witwe das Haus weiter, 1969 wurde es abgerissen.

Gasthaus Deutscher Hof

Königsteiner Straße 49

Der erste Besitzer dieses Hauses im Stockbuch hieß Lucius Büttner; das Baujahr war leider nicht angegeben. Zu Büttners Erben gehörte 1874 auch ein Mitglied der Frankfurter Patrizierfamilie de

Neufville als Ehemann der Tochter Conradine. 1880 erwarben der Gärtnermeister Franz Freund und seine Frau Charlotte geb. Ernst das Haus, die unter dem Namen *Villa Freund* 13 Jahre lang Kurgäste aufnahmen. Seit 1894 befindet es sich im Besitz der Familie Mies und wird als Wohn- und Geschäftshaus genutzt. Das ursprünglich schlichte Dach wurde in den 1920er Jahren durch ein *französisches Doppelwalmdach* (eigentlich Mansardwalmdach) ersetzt; die Brüstungsgitter an den Fenstern haben noch ihr originales Aussehen.

Villa Freund

Königsteiner Straße 51 und 53
Der Höchster Apotheker Nicolaus Kaiser (auch Kayser oder Kaysser geschrieben) richtete in seinem, 1851 erbauten Haus, die erste ganzjährig betriebene Apotheke Sodens ein, die für den Kurbetrieb dringend erforderlich geworden war. In ununterbrochener

Folge befindet sich dort seit dieser Zeit eine Apotheke. Bis dahin hatte das benachbarte Haus Nr. 53 seit 1838 während der Kursaison lediglich als Filiale der Höchster Apotheke gedient. Alte Sodener nennen es heute noch *die klaa Apothek*. Der Bauherr Friedrich Sauer beherbergte in seinem neuerbauten Haus bereits im Sommer 1838 mehrere Frankfurter Familien mit ihrer Bedienung. Nachdem es 1851 von Apotheker Kaiser erworben wurde, erscheint es nicht mehr in den Kurlisten.

Königsteiner Straße 52

Maison Gietz

Laut Stockbuch erwarben Georg Artzfeld und Barbara geb. Pfeifer im Jahre 1857 dieses dreigeschossige Haus. Baujahr und Erbauer waren leider nicht zu ermitteln. 1858 weist das Stockbuch die Wwe. des Georg Gietz als Besitzerin aus und als *Maison Gietz* erscheint es auf einem Ortsplan im Jahre 1868. Unter diesem Namen ist es auch noch in einer Fremdenliste von 1925 verzeichnet, obwohl die Eigentümerin ab 1874 wieder Artzfeld hieß, die Witwe des Georg Artzfeld. *In freier Lage mit großem schattigen Garten und gedeckten Lauben*, versprach ein Inserat um die Jahrhundertwende, *freundliche Zimmer mit und ohne Pension*. Das Haus wurde später nur noch als Wohnhaus genutzt. Es soll abgerissen werden.

Königsteiner Straße 54

Dem völlig modernisierten Haus sieht man seine Vergangenheit als Kurvilla nicht mehr an. Wie aus dem Stockbuch ersichtlich, kauften Heinrich Rübsamen und Helene geb. Fritz 1854 das Grundstück *an der Chaussee* und ließen sich 1856 ein dreigeschossiges Wohnhaus bauen. Drei Jahre später wurde es um ein langgestrecktes Hinterhaus ergänzt. Das Haus, das über Jahrzehnte im Besitz der Familie Rübsamen blieb, war in Wohnungen unterteilt worden, deren Mieter unter dem Hausnamen *Villa Borussia* Kurgäste aufnahmen. Anstelle der heutigen plumpen Balkonverkleidungen waren früher filigrane gußeiserne Geländer angebracht, die zusammen mit den beiden Markisen und Lamellenfensterläden dem Haus ein recht ansprechendes Aussehen verliehen.

Königsteiner Straße 55

Im Hessischen Hauptstaatsarchiv Wiesbaden fanden wir den Bauantrag für dieses Haus. Joseph Kahn ließ es als zweigeschossiges Wohnhaus mit fast quadratischem Grundriß 1835 bauen. Sein Sohn David erweiterte das Haus bereits 1837 durch Überbauung der Toreinfahrt und schrieb in seinem Bauantrag: *Das Zwerghaus wird vergrößert, so daß es gerade in die Mitte des Hauses zustehen kommt. Die Symmetrie des Baus ist daher so viel als thunlichst beachtet worden.* Der langgestreckte Giebel mit dem Dreiecksfeld als Abschluß bildet noch heute ein wesentliches Element in der stark horizontal betonten Fassadengestaltung.

Das Jahr 1844 muß für die Leute im *Holländischen Hof* des David Kahn recht aufregend verlaufen sein. Im März stürzte Anna Maria Breidert geb. Jung in eine Grube (an anderer Stelle heißt es Kanal) und starb acht Stunden später.

Im Juni dann wird das Haus in Verbindung mit einem aufsehenerregenden Kriminalfall genannt, als die 28jährige Magd des Hauses Catharina Justine Weyershäuser aus Beuerbach (in den Vernehmungsprotokollen oft Kahne-Magd genannt) von ihrem 21jährigen Freund Jacob, einem Sohn des Sodener Schmieds Vincenz Reul, ermordet wurde. Das Motiv kam, trotz sorgfältiger Beweisführung letztlich nicht schlüssig zutage. Eine ausführliche Darstellung zum Mordfall Weyershäuser befindet sich in Heft 17 der Materialien zur Bad Sodener Geschichte.

Holländischer Hof hatte David Kahn sein Haus genannt, das er als Hotel betrieb. Seit 1854 gehörte noch ein *Badhaus mit 5 Bade-Cabinetten* dazu. Das Wasser ließ man von den Quellen IV, VI und VII zufahren. Als Heinrich Ziegler, der das Hotel bereits als Pächter betrieben hatte, das Anwesen 1880 kaufte, bestand es aus Wohnhaus, Küchenanbau, Saal, Scheune und Remise. 1885 übernahmen der Oeconom Philipp Brückmann und Margarethe Neuhard aus Oberliederbach das gesamte Areal und nutzten es als Bauernhof. Die Sodener Badeärzte empfahlen ihren Patienten den Genuß der frisch gemolkenen Milch auf dem Brückmannschen Hof. Nach 40jähriger Nutzung als Bauernhof erlebte der ehemalige Holländische Hof eine kurzfristige Umwandlung zur Aufnahme von Kurgästen. Der Besitzer des Rheinischen Hofes, Heinrich Vogel, erwarb 1925 das Anwesen von der Witwe Elise Brückmann geb. Kalbhen, um es als Bettenhaus einzurichten. Heinrich Vogel starb ein Jahr später und die Erbengemeinschaft verkaufte die Liegenschaft an Gustav Milch, der im Jahre 1928 Läden einbauen ließ. Nach seinem Tode ging das Anwesen durch Erbschaft an die Volksbank über. Der Name

Leopoldshof geht wahrscheinlich auf Gustav Milch zurück, der den Vornamen seines Vaters zur Namensgebung benutzte.

Die den gepflasterten Hof umgebenden Nebengebäude wurden im Jahr 2000 abgerissen. Der für den in den Jahren 2000 bis 2003 errichteten Wohn- und Geschäftskomplex gewählte Name nimmt Bezug auf die Voreigentümer.

Königsteiner Straße 56

Im Jahre 1851 wurde das Haus von Adam Müller III und Philippine geb. Jung gebaut. 1867 ging es durch Kauf an Carl Hennig und Maria Elisabeth geb. Diehl, 1872 an Leonhard Blum, der ihm den Hausnamen *Blumenau* gab und es als Kurvilla nutzte. Bei einem schweren Wirbelsturm, der Ende August 1890 über Soden hinwegfegte, wurde das Dach des Hauses, ebenso wie das der benachbarten *Borussia* völlig abgedeckt. Philipp Brückmann, der auch der Besitzer des ehemaligen Hotels *Holländischer Hof* (Leopoldhof) war, übernahm das Haus 1894 und wandelte es in ein Wohn- und Geschäftshaus um. Die Fenster im unteren Geschoß wurden später zugemauert, die übrigen modernisiert, die dunkelgrünen Klappläden aber erinnern noch an das frühere Erscheinungsbild des Hauses *Blumenau*.

Königsteiner Straße 57

An der Stelle des heutigen modernen Geschäftshauses stand ein 1842 im Stockbuch erstmalig erwähntes Wohnhaus. Besitzer war damals der Küfer Johann Friedrich Diehl. Das Haus blieb, bis es 1897 an die Actien-Brauerei Homburg v.d.H. verkauft wurde, im Familienbesitz. Nur bis 1895 erschien es in den Fremdenlisten und zwar mit sehr niedrigen Gästezahlen.

Königsteiner Straße 58

1854 erwarb Katharina Maria Christine Leinberger (Schreibweise auch Leimberger) das dreigeschossige Haus von Schlossermeister

Peter Jung II, der sich mit dem Erlös den heutigen *Quellenhof* bauen ließ. Fräulein Leinberger nutzte das Haus zur Kurvermietung. Die Nachbesitzer Carl Kaiser und Katharina geb. Christ gaben ihm den Namen *Maintal*, in den Fremdenlisten fand sich aber kein Hinweis, daß dort Gäste wohnten. Friedrich Wüstner und Wilhelm Paulus waren anschließend nur kurz Besitzer des Hauses. 1892 kauften es August Teich und Cäcilie geb. Sierks. August Teich richtete dort ein *Analytisches Kabinett für Sputa- und Harnuntersuchungen* ein, Cäcilie aber gab Klavierunterricht. Wohl schon Carl Kaiser hatte das Haus in ein Wohnhaus umgewandelt.

Königsteiner Straße 59

Das Haus, früher dem großen *Hotel Adler* benachbart, kam 1847 in den Besitz des Metzgers Jacob Burkhard. Auch der Vorbesitzer muß Metzger gewesen sein, denn im Stockbuch wird auch ein Schlachthaus erwähnt. 1859 vergrößerte die Witwe Sidonie Burkhard das drei Jahre vorher geerbte Haus -wohl um Kurgäste aufnehmen zu können. Das Anwesen ging 1884 an den Sattler Philipp Born II über, der in seinem Haus einen Laden für Lederwaren, Glas und Porzellan einrichtete, nebenbei bis ca. 1910 noch weiter an Kurgäste vermietete. Laut Oppermannscher Chronik handelte es sich bei den Häusern Nr. 57 und 59 ursprünglich um ein Doppelhaus, das bis 1842 den Gebrüdern Schmunk gehörte.

Königsteiner Straße 60

Die Fassade dieses guterhaltenen und liebevoll renovierten Hauses hebt sich angenehm von den einfachen, nüchternen Fassaden der Nachbarhäuser ab. Die hohen Sprossenfenster, die plastisch hervorspringenden Fensterstürze, die Lamellenläden, Dachgauben und rautenförmige Dekorelemente unter der Dachtraufe sind im Originalzustand erhalten. Zusammen mit der Ton-in-Ton angelegten Farbgestaltung ergeben sie einen harmonischen Gesamteindruck, der auch durch die später eingebauten Läden nicht wesentlich gestört wird. Der Tierarzt Johann Haßler und seine Frau Eva Elisabeth geb.

Cramer ließen sich dieses Haus 1844 im Stil des klassizistischen Landhauses mit angeschlossenem großen Garten errichten. Familie Haßler nutzte das Haus von Anfang an als Kurvilla, aber auch die Tierarztpraxis war dort untergebracht. Es muß viele Jahrzehnte im Familienbesitz gewesen sein, denn noch 1905 empfehlen die Geschwister Haßler ihr *altrenomiertes Haus mit aufmerksamer Bedienung und schattigem Garten.* Die *gesunden freundlich möblierten Zimmer* kosteten ab 6 Mark pro Woche.

Haus Metropole

Metropole nannte Frau Martha Jung 1910 das Haus, in dem 12 bis 16 Gäste Quartier fanden. In den Fremdenlisten erscheinen 1913 Johanna Misch, ab 1914 die Oberin Hedwig Held als Vermieterinnen. Noch bis in die sechziger Jahre betrieb die Familie

Christian-Bünger das Haus als Kurpension. Es steht als Kultur-denkmal aus ortshistorischen und baukünstlerischen Gründen auf der Liste zur Denkmal-Topographie.

Königsteiner Straße 61

Johann Himmelreich baute 1828 das erste Haus an die neue Cöln-Frankfurter Landstraße, die jetzige Königsteiner Straße, und betrieb an dieser Hauptverkehrsstraße eine sehr frequentierte Fuhrmannswirtschaft, berichtet die Oppermannsche Chronik. Wie Soden, entwickelte auch Königstein in der ersten Hälfte des 19. Jahrhunderts eine rege Bautätigkeit. Das benötigte Baumaterial kam mit Pferdefuhrwerken aus Höchst. Um den Sodener Berg zu bewältigen, spannte man am *Adler* zwei zusätzliche Pferde vor, die Fuhrknechte genehmigten sich natürlich ebenfalls ein *Gespann*. Das Ausspannen der beiden Pferde auf dem Rückweg gab dann erneut Anlaß für eine Stärkung der Fuhrleute. Nach dem Tode Johann Himmelreichs führte seine Witwe mit ihrem neuen Ehemann Johann Dahl bis zur Großjährigkeit ihres Sohnes Wilhelm Himmelreich im Jahre 1853 die Wirtschaft *Zum Adler* weiter. Es handelte sich laut Stockbuch um ein relativ kleines Haus, das 1866 durch Umbau erheblich vergrößert wurde. Im selben Jahr starb Wilhelm Himmelreich. Seine Witwe heiratete Georg Fleß, einen Uhrmacher-meister aus Frankfurt, der den *Adler* zu einem stattlichen Gasthof mit großem Saal und einem Ladenlokal erweiterte.

Von der Witwe des Johann Schmunk, Maria geb. Bröckel, erwarb er 1877 das benachbarte dreigeschossige Wohnhaus an der Adlerstraße, in dem unter der Bezeichnung *Villa* Fremdenzimmer eingerichtet wurden. 1901 übernahm Wilhelm Fleß den Gasthof und ließ in den folgenden Jahren einen Verbindungsbau zwischen beide Häuser einfügen. In Inseraten empfiehlt sich der *Adler* nicht nur Kurgästen, sondern auch *Touristen und Kaufleuten*. Die ungefähr 50 Logiergäste wurden überwiegend von den zahlreichen Mitgliedern der Familie Himmelreich-Fleß betreut, die laut Stockbuch alle Insitzrecht hatten. Krankheit und die wirtschaftliche Not der Nachkriegsjahre zwangen Familie Fleß zur Aufgabe des Hotels, etwa

1924 wurde es an Frau Ziegler aus Höchst verpachtet, dann an den Pferdemetzger Stein aus Heilbronn, der es später erwarb.

Hotel Adler

Im Zweiten Weltkrieg durch Bomben beschädigt, erfolgte 1961 der Abriß der Häuser. In seiner Glanzzeit bildete das Hotel Adler, zusammen mit dem benachbarten, noch erhaltenen Haus *Quisisana* (Nr. 63) ein wirkungsvolles Ensemble. Das Hotel war in Größe, Dachform, Fensterreihung und der stark horizontalen Gliederung dem *Quisisana* sehr ähnlich, sein eckbetonender Dachhelm jedoch war höher und steiler. Alte Abbildungen zeigen, daß sich an der Straßenfront auch Balkone befanden.

Königsteiner Straße 62

Hinter der eternitverkleideten Fassade des Hauses verbirgt sich die ehemalige Kurvilla *Maßmann*. Sie zeigt paarig angelegte Fenster, Zwerchhaus und zwei kleine Gauben. Die ersten Besitzer, deren Namen im Stockbuch erscheinen, waren Georg Dinges und Marie Marg. geb. Jung. Laut einer Gästeliste aus dem Jahre 1838 hatten sie bereits in diesem Sommer mit der Vermietung an Kurgäste begonnen. Von Frau Dinges Wwe. erwarb 1854 Johann Schwalm das Haus, 1860 ging es an Wilhelm A. Braun, 1865 an Franz Keller aus Heidelberg und schließlich 1868 an Wilhelm Theodor Maßmann und Auguste geb. Gartmann, die dem Haus ihren Namen gaben und es intensiv als Kurpension nutzten. 1895 wurde Eduard Großer Eigentümer des Hauses, dann gelangte es in schnellem Wechsel an Karl Zapf (1897), August Steinbeck (1898), Barbara Rosenbach (1900). In der Zeit des schnellen Besitzerwechsels wurde das Haus in Wohnungen unterteilt, deren Mieter unter dem Hausnamen *Praetoria* Zimmer an Kurgäste abgaben. 1910/ 1911 vermietete hier die Witwe des Pfarrers Jaeger, die große Erfahrung als Vermieterin hatte, einige Fremdenzimmer. Dann kam der Kurbetrieb zum Erliegen.

Königsteiner Straße 63

Wahrscheinlich ließ die Firma Bethmann-Borgnis dieses Haus bauen, jedenfalls ist es laut Oppermannscher Chronik schon 1842 in ihrem Besitz. 1848 erwarb es Philipp Reuß, dann wechselte es in rascher Folge seine Eigentümer: 1853 Johann Anthes und Sibilla geb. Altendorf, 1856 Georg Josef Döft und Felicitas geb. Rau aus Höchst, 1866 Franz Jakob Christian, 1874 Conrad Killian und Auguste geb. Thon. Der Kaufmann Killian nahm umfangreiche Neu- und Umbauten vor, paßte die Fassade seines Hauses dem Stil des benachbarten Hotels *Adler* an und richtete einen Tabakladen ein.

Bereits F.J. Christian hatte Zimmer an Kurgäste vermietet, auch im Besitz Conrad Killians diente das Haus weiter als Kurpension. Nach der Vergrößerung bekam es den gesundheitsverheißenden Namen *Villa Quisisana*. In einer Annonce aus der Fremdenliste 1892 heißt es: *Erholungsbedürftige Kinder, auch junge Mädchen mit und ohne Begleitung finden gute Aufnahme und liebevolle Pflege bei billigst gestellten Preisen. Empfohlen durch die Ärzte Sodens.* Es ist anzunehmen, daß die Töchter Else, Auguste und Lina bei der Betreuung der Kinder halfen. Nach dem Tode der Eltern führten die Schwestern die Kurpension weiter und richteten sich einen

Tabakladen ein. Der zentralen Lage dem Kurpark gegenüber verdankte die *Quisisana* sicher, daß sich lange Zeit das Geschäftszimmer des Königlichen Kur- und Badepolizei-Commissariats in ihren Räumen befand und Dr. Thilenius d.J. dort Sprechstunde hielt.

Villa Quisisana

Die Mitte des langgestreckten Hauses wurde früher noch stärker durch einen Balkon über der Eingangstür unterhalb des herausragenden behelmten Dacherkers betont. Die Laibungen der neoklassizistischen Lukarnen im Dachgeschoß tragen Volutenverzierungen. Wegen seiner städtebaulichen Bedeutung gegenüber dem Kurpark ist das Haus, trotz der stilwidrigen Umbauten im Erdgeschoß, auf die Liste der Denkmal-Topographie gesetzt worden. Das Gebäude wurde 2003 in Zusammenarbeit mit dem Amt für Denkmalspflege renoviert.

Königsteiner Straße 64

Laut Stockbuch kaufte Christian Klippel 1842 das dreigeschossige Haus mit Gartenhaus. Da es auf dem Plan von 1840 noch nicht eingezeichnet ist, dürfte 1842 auch das Baujahr sein. 1862 ging es an seinen Sohn Georg über. 1876 sind Kreislandvermesser Heinrich Balzer und Anna geb. Klippel aus Königstein als Eigentümer eingetragen, die Gästezimmer vermieteten und dem Haus den Namen *Ehrenfels* gaben. 1884 wird annonciert: *Mein möbliertes Gartenhaus, 5 Zimmer und Küche am Bahnhof zu vermieten.* Auch noch im Besitz von Hans Setzer, der sich als Hoflieferant bezeichnete und ein *Kunstgewerbe-Magazin* eingerichtet hatte (1898), August John (1900) und Adolf Ankele (1902) wurde die Pension weitergeführt. Unter dem nachfolgenden Besitzer Otto Schoenfeld erlebte sie einen kräftigen Aufschwung. Nach dem Umbau des Vorderhauses 1909 konnten 23 Gäste in der *vollständig neu und komfortabel eingerichteten Pension mit großem schattigen Garten und schönen Ruheplätzen,* wie es in einem Inserat von 1911 heißt, Unterkunft finden.

Das heute mit Eternitplatten verkleidete Haus muß damals, mit seinen Sprossenfenstern und Klappläden, einen ähnlich freundlichen Anblick geboten haben, wie heute noch das Haus Nr. 60.

Königsteiner Straße 65

Isaak Neuburg und Helena geb. Ettinghaus kauften dieses Haus, das auf dem Ortsplan von 1840 noch nicht eingezeichnet ist, 1853/54 von Philipp Reiß. Frau Neuburg führte es bis zum Verkauf 1889 als Kurpension. Der Käufer Emil Kramer scheint nur Makler gewesen zu sein, denn schon ein Jahr später veräußerte er es an Mathäus Göth und Marie Christine geb. Bertram, die die Kurpension weiterführten und daneben noch ein Textilgeschäft betrieben. 1898 erwarb Josef Munk das Anwesen und nannte die Kurpension *Marienburg,* die 12 bis 14 Gäste aufnehmen konnte Nach Erweiterung der Verkaufsfläche bezeichnete Josef Munk sein Geschäft stolz als *Kaufhaus Munk,* daneben vermietete er noch bis in die 1920er Jahre Zimmer an Kurgäste. Das bei der Renovierung 1982 freigelegte Fachwerk war, nach alten Abbildungen zu urteilen, früher immer unter Putz.

Haus Marienburg

Königsteiner Straße 66

Im Hessischen Hauptstaatsarchiv fand sich ein Bauantrag aus dem Jahre 1837, in dem Johann Mappes für seinen Sohn Caspar die Errichtung eines zweigeschossigen Hauses *an der neuen Chaussee* beantragt. Laut Oppermannscher Chronik diente es zunächst als

Gastwirtschaft. Das Haus blieb etwa 80 Jahre in Familienbesitz und beherbergte in all den vielen Jahren Kurgäste; ca. 18 Betten standen zur Verfügung. Inserate versprachen neben aufmerksamer Bedienung einen schönen schattigen Garten mit gedeckten Hallen für Liegekuren. Um 1920 ging das Haus in den Besitz des Schulrates Konstantin Baumeister über. Frau Baumeister vermietete weiter an Kurgäste, die nun überwiegend aus dem Ruhrgebiet nach Soden kamen. Deshalb erhielt die Kurpension doch einen Hausnamen: 'Glückauf'. Als 1972/74 das Gebäude der Volksbank errichtet wurde, mußte die Pension abgerissen werden.

Königsteiner Straße 67/69

Der Land- und Gastwirt Carl Müller II, *Apel-Karl* genannt, erbte 1834 einen Bauernhof, der an die neue Chaussee nach Königstein grenzte. Das Wohnhaus lag im Hofraum hinter der Straße und dicht daneben trat das Wasser der Quelle Nr. X aus, ein stilles Mineralwasser, das *Schlangenbad* hieß. Carl Müller betrieb auf seiner Hofreite auch eine Gaststätte, genannt *Stallwirth*. 1862 entschloß er sich, die günstige Lage seines Anwesens an der Königsteiner Straße gegenüber dem Kurpark und der Quellen besser zu nutzen und für seine beiden Söhne Franz und Fritz (Friedrich) je eine Kurpension direkt an der Straße zu errichten. Das Haus für Franz Müller und seine Frau Carolina geb. Mappes war dreigeschossig. Es wurde 1863 erbaut und nach seiner Fertigstellung als *Kurpension Franz Müller* betrieben.

Belastet war es mit einer *Durchgangs- und Fahrgerechtigkeit durch das Thor und den Hof zugunsten seines Bruders, mit dem Recht des Wasserholens aus dem Mineralbrunnen des Hofes zugunsten des Karl Ludwig Müller II und dessen Ehefrau Gertrude geb. Hill, deren Kinder, Enkel, Urenkel, solange dieselben Besitzer des Nachbarhauses Königsteiner Straße 69 sind.* Die Firma Eduard Siebel, die das Haus 1876 erworben hatte, akzeptierte diese Auflage, genau wie Philipp Christian II und Sophie geb. Rudolph, die neuen Besitzer ab 1883. Sie nannten nun die Kurpension *Fortuna* und bewirteten während der Hauptsaison je 10 bis 15 Gäste. Außerdem richteten sie eine Papier- und Schreibwarenhandlung ein.

Königsteiner Straße 67 – Bauzeichnung -

Über dem Hauseingang befand sich ein kleiner Balkon, der, wie der Dreiecksgiebel über den beiden Fenstern oberhalb der Toreinfahrt, bei einer Renovierung entfernt wurde. Das Haus ist ein verputzter Fachwerkbau, dessen unterschiedliche Fensterformen dem Betrachter auffallen. Die Quelle *Schlangenbad* ist nicht öffentlich

zugänglich. Bei Errichtung des Gebäudes der Nassauischen Spar-
kasse wurde sie überbaut.

Königsteiner Straße 69

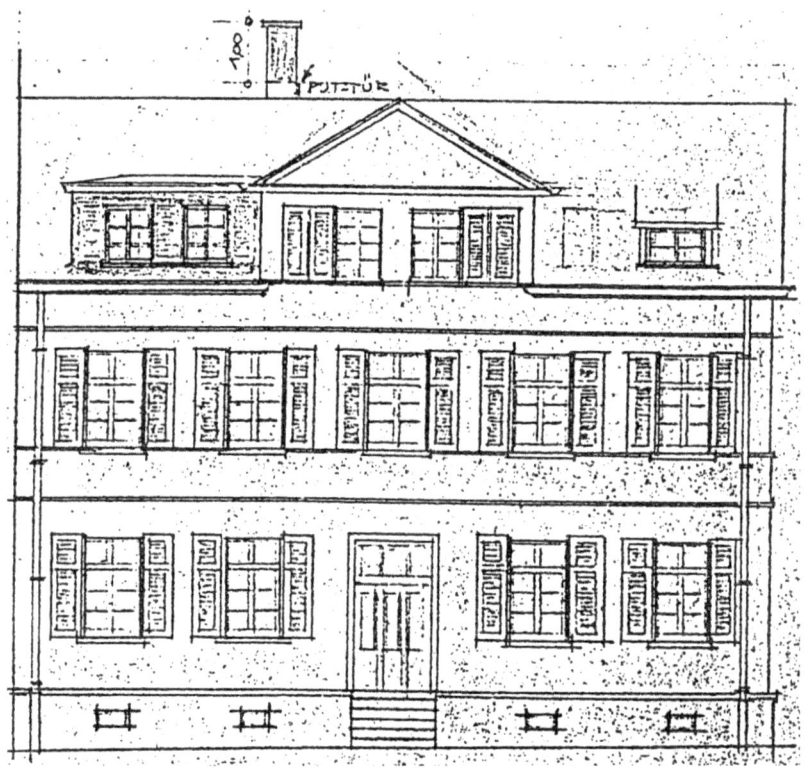

Bauzeichnung des im Krieg zerstörten Hauses

Das für Friedrich Müller IV und Elisabeth geb. Petry 1864
fertiggestellte Haus war im Grundriß zwar größer als das seines
Bruders, aber nur zweigeschossig. Hier hatte Carl Ludwig Müller II
sich und seiner Frau das lebenslängliche Zusitzrecht vorbehalten.
Das Haus diente bis 1897 als Privatlogis und konnte bis zu 12

Gästen Unterkunft bieten. Die Familie scheint nebenbei weiterhin Landwirtschaft betrieben zu haben. 1898 ging das Anwesen an Georg Philipp Müller über, der nicht nur Landwirt, sondern auch Drechsler war und kaum noch Zimmer an Kurgäste vermietete. Das Haus blieb bis mindestens 1934 in Familienbesitz. Von Bomben beschädigt, wurde es nach dem Krieg wieder aufgebaut. In späteren Jahren mußte es einem neuen Geschäftshaus weichen.

Königsteiner Straße 68

Die breite Straße zum Sodener Bahnhof war früher ein schmaler Weg. Hundert Jahre lang stand an der Ecke rechts ein zweigeschossiges Haus, das 1839 der Wwe. des Johann Müller gehörte, die stets Zimmer an Kurgäste vermietete. Es blieb viele Jahrzehnte als *Kurpension Sachs* im Besitz der Familie, bis es 1937 abgerissen wurde. Ein diesbezüglicher Antrag von Weigand/ Baumeister wurde mit Errichtung von Garagen, Parkplätzen und Grünanlage begründet.

Königsteiner Straße 70

Jacob Sachs und Margarethe geb. Müller kauften 1834 das Grundstück auf dem heute das Hotel Concorde steht und errichteten ein zweigeschossiges Wohnhaus *an der Chaussee,* in dem sie Gäste aufnahmen, die aus Frankfurt zur Kur kamen. 1853 ging das Haus an Georg Keller IV, 1857 erbten Adam Sachs und seine vier Geschwister das Anwesen, das dann in raschem Wechsel an Johann Jacob Dahl (1857), August Eisner (1862), Jacob Wagner (1868), Adam Venter (1871) und schließlich 1872/73 in den Besitz von Ludwig Adam Weigand und Barbara geb. Heckel kam. Diese Angaben entnahmen wir den Stockbüchern im Hauptstaatsarchiv in Wiesbaden.

Schon August Eisner betrieb in dem günstig am Bahnhof gelegenen Haus ein Restaurant, wie es aus dem Ortsplan von 1868 hervorgeht. Nachdem Ludwig Adam Weigand das Anwesen übernommen hatte, ließ er das Haus um einen kleinen Küchenbau

Hotel Weigand

mit Stiegenvorbau erweitern. Neben einem großen Speisesaal und einer offenen Halle blieb in dem Garten mit den Kastanienbäumen noch Platz genug, um eine einladende Gartenwirtschaft einzurichten, die bald ein bekanntes und beliebtes Ausflugsziel wurde. Im März 1887 entschlossen sich die Eheleute Weigand dem Drängen der Gemeinde Soden nachzugeben und die für die Erweiterung des Bahnhofsvorplatzes dringend benötigten knapp 900 qm Land zum symbolischen Wert von 1 Mark zu verkaufen. Warum das Haus 1890 an einen Johann Stolz aus Sachsenhausen ging, wissen wir nicht, jedenfalls war es seit 1891, laut Stockbuch, wieder im Besitz der Familie Weigand, die mit ihrem guten Restaurationsbetrieb und Zimmer mit Vollpension warben. Das Speiselokal wurde etwa von 1893 bis 1895 von dem Pächter Kilian Breunig geführt. Durch Erstellung eines, von einem Erkertürmchen flankierten hübschen Haus mit der Frontseite zum Bahnhofsvorplatz, wurde der Gasthof 1908 zum Hotel erweitert. Das Anwesen blieb bis heute in Familienbesitz. Alle auf dem Grundstück befindlichen Gebäude wurden nach und nach abgerissen, um dem großzügig konzipierten *Hotel Concorde* Platz zu machen, das im Jahr 1990 noch eine Erweiterung an der Königsteiner Straße erfuhr.

Königsteiner Straße 73

Auf dem Gelände des heutigen Bad Sodener Rathauses stand das *Hotel Colloseus*, von den Sodenern *das kleine Colloseus* genannt im Unterschied zum Europäischen Hof, dessen Gründer und langjährige Eigentümer auch Colloseus hießen. Der Schneidermeister Lorenz Hahner kaufte das Grundstück 1835 von der Gemeinde und verkaufte es sofort an H. Diefenbach und seine Frau Katharina Margarethe geb. Sackreuther aus Frankfurt weiter, die Sodens Kurangebot um ein komfortables Badehotel erweitern wollten. Die direkt an der Straße auf ihrem Grundstück gelegene Quelle IX war sicher Anlaß ihrer Planungen. Als Familie Diefenbach den Antrag stellte, statt der morschen hölzernen Quellenfassung eine formschöne steinerne Einfassung errichten zu dürfen, erfuhr sie zu ihrer grenzenlosen Überraschung, daß sich die Gemeinde beim Verkauf des Grundstückes an L. Hahner den Besitz der Quelle vorbehalten hatte. Trotzdem betrieb Frau Diefenbach nach dem Tod ihres Mannes 1836 den Bau des Hotels, zusammen mit ihrem Schwager, dem Arzt Dr. Johann Pfefferkorn (1793-1850), weiter. Dr. Pfefferkorn hatte schon seit Jahren seine Patienten von Frankfurt nach Soden geschickt, wo er regelmäßig nach ihnen sah. In einer Anmahnung der Baugenehmigung zitiert Dr. Pfefferkorn ein Gutachten vom Mai 1837, in dem es heißt: *denn leider wird Soden noch nicht als Bad nach Gebühr der Wirksamkeit der vielen verschiedenen Mineralquellen gewürdigt, sondern nur als ein Ort betrachtet, wo man die Landschaft ruhig genießen und nebenbei auch baden könnte - bequem und ungeniert.*

1838 war das zweistöckige Haus mit Badeanstalt fertiggestellt. Diese Badanstalt bestand u.a. aus vier Bade-Cabinetten, deren Bäder *alle innen mit Porzellanplättchen verfertigt sind, damit denselben an Eleganz nichts abgeht.* 1852 kam der Gastwirt Wilhelm Colloseus durch Kauf in den Besitz der *Villa Pfefferkorn.* Im Lauf der Jahre vergrößerte er sein Hotel. Die Oppermannsche Chronik berichtet darüber: *Durch großartige Veränderungen des Hotels und des Gartens im Frühjahr 1857 läuft die Quelle jetzt in der künstlichen Grotte des Gartens aus. Als Kurbrunnen wurde sie nicht gebraucht.* 1872 bestand das Hotel aus dem zweigeschossigen Haupthaus mit Anbau, Küchenbau, zweistöckigem Cafesaal sowie zweistöckigem Speisesaal, einer Kutscherstube, Ställen und Remise. Laut Stockbuch befand sich das Anwesen 1881 im Besitz von Wilhelm Weiß und Luise geb. Müller. Im Sommer 1884 nennt die Fremdenliste als Gäste u.a. Seine Durchlaucht Fürst zu Löwenstein-Wertheim-Rochefort von Kleinheubach und Seine Durchlaucht der Prinz zu Hohenlohe, General der Infanterie aus Dresden sowie Herrn von Puttkammer-Barnow nebst Gemahlin.

Hotel Colloseus

1888 übernahmen Friedrich Christian und Berta geb. Ruppertz das Hotel und ließen es 1896/97 umbauen, modernisieren und neu möblieren. Betrieben wurde es von Pächtern: 1895/96 von den Gebrüdern Gneiding, nach 1900 von Balduin Vogt und Georg Conrad, *vormals Frankfurter Hof und Carlton Hotel, Frankfurt am Main*, wie letzterer in Inseraten betont. 1903 hatte Friedrich Christian das Haus des Konditors Hahner (Zum Quellenpark 5) dazugekauft. So bildete das Hotel Colloseus mit den verschiedenen Hotelbauten, den hölzernen Laubengängen, Speisesälen, dem Cafe und dem großen schattigen Garten eine geschlossene Anlage, in der sich die Gäste sicher sehr wohlfühlten.

Philipp Neis übernahm 1914 das Hotel. Während des Ersten Weltkrieges diente es als Militärerholungsheim, danach der französischen Besatzung als Offiziersklub. In der Folge beherbergte es z.B. 1925 wieder 60 Gäste. 1932 war Frau Ida Stehlin im Besitz des Hotels, die nach Niederlegung einer Fachwerkwand, den Eingang an die Königsteiner Straße verlegen ließ. Während des Zweiten Weltkrieges wurde das Haus durch Bomben stark beschädigt. Die Quelle IX (Pfefferkornquelle) wurde im Februar 1945 durch Bomben verschüttet.

Notdürftig wieder instandgesetzt, führte es Frau Stehlin unter ihrem Namen als Gasthaus weiter und plante auch nach dem Krieg einen Wiederaufbau. Die Stadt Bad Soden, die dringend einen zentral gelegenen Platz für ein Rathaus brauchte, kaufte ihr das Grundstück mit dem angefangenen Rohbau ab und errichtete dort ihren Verwaltungssitz.

Königsteiner Straße 72

1851 baute sich der Bader Georg Keller ein Haus neben sein Elternhaus. In diesem Teil der *Chaussee* entstand damit eine geschlossene Straßenfront. Es diente überwiegend als Geschäftshaus. Der Bader-Laden wurde von Georg Kellers Töchtern in ein Kolonialwaren-Geschäft umgewandelt, nebenbei vermietete man immer einige Zimmer. Das Haus wurde 1990 zugunsten eines Erweiterungsbaues des Hotels Concorde abgerissen.

Königsteiner Straße 74

Der Schuhmacher Reinhard Keller und Henriette geb. Aulmann kauften 1832 an der neuen Chaussee ein Grundstück und bauten ein zweigeschossiges Haus. Frau Keller überließ es als Witwe 1855 Peter Bockenheimer unter dem Vorbchalt des Insitzrechts zur

Nutzung als Kurpension. 1869 bis 1871 war es im Besitz des Hoteliers Philipp Colloseus, der es wohl als Dependance zum Europäischen Hof nutzte und die ebenerdigen Räume an der Straße zu einem Restaurant umbaute, das von Hermann Hirsch, dem zeitweiligen Eigentümer des benachbarten Hauses Königsteiner Straße 78 als Pächter geführt wurde, auch noch als beide Häuser 1871 von Pfarrer Bigot erworben wurden.

Aus der Fülle des in Archiven vorgefundenen Materials ist zu ersehen, daß der katholische Pfarrer Baptist Bigot auf den Hofreiten der Häuser Königsteiner Straße 74 und 78 die vorhandenen Scheunen, Ställe und eine Werkstatt zu Waisenhaus, Kapelle, Sakristei und Betsaal umbaute, ehe er 1874 den Bau des Pfarrhauses neben der katholischen Kirche in der Parkstraße betrieb. 1884 kaufte Louis Derr das Keller'sche Haus ohne die Nebengebäude und richtete eine Bäckerei ein. Mehr als einhundert Jahre diente es als Konditorei und Cafe, zuletzt zusammen mit dem benachbarten Haus Keller, Königsteiner Straße 72 unter den Namen Derr, Jung, Leven und Stadtcafe bis es 1990 abgerissen wurde, um einem Erweiterungsbau des Hotels Concorde Platz zu machen.

Königsteiner Straße 77

An der Ecke der ehemaligen Hauptstraße (Zum Quellenpark) und der *Chaussee* errichteten 1830 Wilhelm Himmelreich und Magdalena geb. Geck ein zweigeschossiges Wohnhaus mit Nebengebäuden und Scheune, in dem sie eine Gastwirtschaft einrichteten und Fremdenzimmer vermieteten, die, wie die Kurlisten von 1838 zeigen, von Frankfurter Badegästen bereits gut belegt waren.

Durch *höchstes Recipt vom 22. April 1842, resp. höchstes Decret vom 31.8.1842 wurde W. Himmelreich gnädigst zum Postexpeditor* ernannt und damit sein dem Kurpark gegenüber günstig gelegenes Haus zur *Herzoglich-Nassauischen Postexpedition Thurn & Taxis.* 1867 gingen Amt und Anwesen an den Sohn Alexander Himmelreich, der 1870 mit seiner Frau Helene geb. Dinges sein Haus um einen zweigeschossigen Anbau vergrößerte, der in die

Hauptstraße hineinreichte. Dort richtete die Frankfurter Leihbibliothek G. Oehler eine Filiale und ein Lesekabinett ein, nachdem ihr seitheriges Domizil im Hause Noll gegenüber wohl dem Umbau zum Hotel Uhrich weichen mußte. Bis zur Verlegung der Leihbibliothek ins neu eingerichtete kommunalisierte Kurhaus im Jahre 1886 versorgte Familie Himmelreich die Sodener Kurgäste also außer mit Post auch mit anderem Lesestoff.

Leopold Milch und Amalie geb. Scholz übernahmen 1886 den gesamten Besitz des Alexander Himmelreich, d.h. die Post und den *Deutschen Hof*, verloren ihn aber, wie die Oppermannsche Chronik über den Deutschen Hof berichtet, 1887 durch Zwangsversteigerung an Heinrich Bender. Leopold Milch behielt jedoch offenbar sein Geschäft im Anbau an der Hauptstraße wie auch seine übrigen Liegenschaften. Heinrich Bender nannte das Haus *Privathotel zur Post* und beherbergte jeweils 15 bis 20 Gäste. Auch der spätere Besitzer, der Dentist Anton Bayer, vermietete noch regelmäßig Zimmer an Kurgäste unter dem Hausnamen *Alte Post*. Das Post- und Telegraphenamt war 1897 in die Kronberger Straße 6 umgezogen. Heute findet man an Stelle der *Alten Post* ein Geschäftsgebäude mit den Schalterräumen der Taunus-Sparkasse. Am 2. Februar 1945 war das schöne alte Haus einem Fliegerangriff zum Opfer gefallen.

Königsteiner Straße 78

Friedrich Potz erbaute das Haus 1836 und betrieb es als Kurpension. Auch die nächsten Besitzer Johann Jung und dessen Erbe Heinrich Jung IV nahmen Kurgäste auf, bis 1869 Hermann Hirsch, ein Gastwirt, der das Restaurant im Haus Königsteiner Straße 74 betrieb, das Haus erwarb. Schon zwei Jahre später kamen der katholische Pfarrer Baptist Bigot und Johann Burkhard in den Besitz des Anwesens und widmeten die Gebäude des Hofraums der beiden Häuser Königsteiner Straße 74 und 78 zu einem katholischen Gemeindehaus mit Waisenhaus, Kapelle, Sakristei und Betsaal um. 1881 scheidet Pfarrer Bigot, der inzwischen den Bau des Pfarrhauses am Feisgenborn neben der damaligen katholischen Kirche betrieben hatte, als Mitbesitzer aus und 1883 übernehmen Georg Burkhardt und Anna geb. Balz das Anwesen, das dann 1897 Joseph Scherbel und Erna geb. Neumann kauften. Zu Kurzwecken hatte das Haus schon mehr als hundert Jahre nicht mehr gedient, als es vor wenigen Jahren abgerissen wurde, um Platz zu schaffen für ein modernes Haus mit Supermarkt.

Königsteiner Straße 79

Die Denkmalschutzbehörde hält eine Entstehung des Hauses in der zweiten Hälfte des 18. Jahrhunderts oder um 1800 für möglich. Im Stockbuch fanden wir für das Jahr 1835 den Kauf des Eckgrundstückes durch die Neuenhainer Eheleute Johann und Anna Maria Noll, die es mit einem Haus bebauten, das als zweistöckig mit den Maßen 60 mal 30 Fuß angegeben wird.

Wie aus Fremdenlisten hervorgeht, nahm Frau Noll im Sommer 1838 mehrere Frankfurter Familien mit Bedienung in ihrem Haus auf. Außerdem gab es dort eine Filiale der vielbenutzten Frankfurter Leihbibliothek G. Oehler bis 1869 Carl Lehr das Haus erwarb, der es 1872 an Adam Uhrich und Katharina geb. Schlapper verkaufte. Adam Uhrich, laut Oppermannscher Chronik *die Lederhose* genannt, weil er noch die längst aus der Mode gekommenen ledernen Kniehosen trug, hatte bereits 1866 den benachbarten Hof von den Erben des Johann Dinges II in der Hauptstraße gekauft und 1867 ein Restaurant und Gartenlokal eröffnet. Nun verband er das Nollsche Haus mit seinem dahinterliegenden Restaurant durch einen Speisesaal und andere Umbauten zum Gasthof Uhrich. 1891 erhielt das Haus eine Erweiterung, mit der die Straßenfront zum Russischen Hof hin geschlossen wurde. Das Haus hieß nun *Hotel Uhrich*. Karl Uhrich kam, zusammen mit Karl Rohsel, 1899 in den Besitz des Hotels. In schön gestalteten Jugendstil-Inseraten warben sie für das *altrenomierte Haus mit komfortabel neu eingerichteten Zimmern, schöner und gesunder Lage am Kurpark, bei Kur- und Badehaus.* Den Gästen wurden auch Jagdgelegenheit, Winterkur und ein großer schattiger Garten mit gedeckter Veranda geboten.

Sprudel Hotel, links im Bild Königsteiner Straße 77

1900 weist das Stockbuch als Besitzerin des Hotels Christoph Gottschalk Ww. aus. 1911 wurde K.G. Kirstein neuer Inhaber, der das Hotel nun *Sprudel-Hotel* nannte. Eine Platte mit diesem Namen ist heute noch im Haus zu sehen. Im Hotel fanden bis zu 40 Gäste Unterkunft, die Fremdenlisten weisen Jahr für Jahr die gleichen Namen auf, das Haus hatte also zufriedene Stammgäste; und einen Hausknecht Alois! Bei der Instandsetzung der Treppe fand man, daß er sich in ungelenken Buchstaben mit den Worten *Alois, Hausknecht* verewigt hatte. Ab 1925 hieß der Eigentümer des *Sprudelhotels* wieder Karl Uhrich, der es aber etwa 1930 verkaufen mußte. Das gesamte Anwesen wurde von dem jungen Elektromeister Otto Behrle erworben und befindet sich noch im Besitz seiner Familie. Trotz Ladeneinbauten im Erdgeschoß ist das eigentliche Nollsche Haus noch immer in seiner ursprünglichen Form erhalten und steht auf der Liste der denkmalgeschützten Häuser.

Königsteiner Straße 80

Im Hauptstaatsarchiv in Wiesbaden fanden wir den Bauantrag Salomon Mayers II aus dem Jahre 1838 für ein Haus *an der Chaussee*. Das Haus existiert nicht mehr, heute steht an seiner Stelle ein moderner Geschäftsbau. Eine Bauzeichnung des Hauses, die wohl 1851 bei der Erweiterung um eine überbaute Toreinfahrt entstand, zeigt die an der Königsteiner Straße zu dieser frühen Zeit übliche Architektur mit gleichmäßiger Fensterreihung und Dachgauben. 1861 erweiterte Salomon Mayer II noch einmal sein Haus; diesmal entstanden auch ein zweigeschossiges Hinterhaus und eine Kutscherstube. Ab 1885 hieß der Eigentümer Jakob Schaar, dessen Zimmerangebote, wie auch schon bei seinem Vorgänger und später bei seinen Söhnen Franz und Fritz, unter *Privatlogis* erschienen.

Königsteiner Straße 81

Wir fanden einen Bauantrag aus dem Jahre 1838 von Johann Wilhelm Milch für ein zweistockiges Wohnhaus *an der Chaussee*, das von Anfang an als *Hotel Englischer Hof* genutzt wurde. Als Heinrich Franz und seine Ehefrau Christine geb. Maurer 1847 das Hotel erwarben, war es schon aufgestockt und erweitert worden. Es hieß nun *Hotel Franz*. 1857 entstand ein zweistöckiger Anbau, 76 mal 16 Fuß groß, ein langgestrecktes Gebäude also, wahrscheinlich ein Speisesaal.

Aus dem *Hotel Franz* wurde 1868 das Mädchenpensionat der Marie Hillebrand, der auch seit 1866 bereits die *Villa Helvetia* im Wiesenweg gehörte. Wegen der, wie Fräulein Hillebrand befand, für ein Mädchenpensionat ungünstigen Lage gegenüber dem Kurpark mit seinen zahlreichen, die Sittsamkeit beeinträchtigenden Ablenkungen, verlegte sie 1871 ihr Institut nach Neuenhain. Das Anwesen blieb in ihrem Besitz und wurde als *Hotel Villeggiatura*, dem italienischen Wort für Sommerfrische, von einem Verwalter, der auch der Französischlehrer ihres Instituts war, geführt. 1871 und 1880 erfuhr es erneut bauliche Erweiterungen und gelangte 1889 an Heinrich Haas. Das Hotel wurde zum dritten Mal umbenannt und hieß nun *Russischer Hof*.

Hotel Russischer Hof, heute Elisabethenheim

1889 bis 1899 von Heinrich Weusthoff betrieben, kaufte es anschließend Hermann Düvel, der in großen Inseraten mit *vorzüglicher Küche und Keller*, sowie *luftigen Zimmern mit guten französischen Betten* in seinem *rühmlichst bekannten Haus* warb. 1905 beantragte Hermann Düvel bei der *wohllöblichen Ortspolizeibehörde* eine erhebliche Vergrößerung des Hotels durch einen Erweiterungsbau, der die Möglichkeit schaffte, statt der seither etwa 40 Gäste nunmehr bis zu 100 aufzunehmen. Mit Ausbruch des Ersten Weltkrieges und der gewandelten Einstellung Rußland gegenüber, fand man es selbst in Soden, wo man Jahrzehnte stolz auf die große Anzahl der russischen Gäste war, für angebracht, den Russischen Hof nunmehr *Kaiserhof* zu nennen. Nach dem Krieg wurde es als Hotel von Karl Knauf weitergeführt. 1923 erwarben es die Franziskanerinnen als Erholungsheim für Kinder und Erwachsene. Die Schwestern dieses Ordens leiten noch heute das Erholungsheim St. Elisabeth als Alten- und Pflegeheim. Das Haus - es handelte sich um einen spätklassizistischen verputzten

Fachwerkbau – wurde 1993 abgerissen und durch einen Neubau ersetzt.

Königsteiner Straße 82

Das *Logishaus Livadia* mußte 1985 dem Bau der City-Arkaden weichen. Die Wirtin des Gasthauses *Adler*, das früher dem Haus *Livadia* gegenüberlag, Witwe des Johann Dahl und Volpert Himmelreich, ließ es 1836/38 als zweigeschossiges Wohnhaus errichten. wie wir aus Stockbucheintragungen wissen. 1851 erwarben es der Chirurg Wilhelm Bimmler (im Stockbuch Bümler) und Margarethe geb. Frank, dazu ein großes Gartengelände *bis an die Eisenbahn*, wo sie sich 1872 eine dreigeschossige Villa erbauen ließen und das Haus an der Königsteiner Straße an Anna und Martha Hähnlein verkauften. Von ihnen bekam das Haus den Namen *Livadia* wahrscheinlich nach dem Krim-Kurort, als Reverenz an die vielen russischen Kurgäste in Soden. Als nächsten Besitzernamen nennt das Stockbuch Helene Fritz, die das Haus 1886 kaufte und weiter als Kurpension führte. Später kam es in den Besitz von Dr. Prorock, der keine Gäste mehr aufnahm. Dann wurde das Haus in den 1920er Jahren vom damaligen Besitzer Emil Eck erweitert, aber nur noch als Miet-, und Geschäftshaus genutzt.

Königsteiner Straße 83

Franz Bernus du Fay wird 1847 als Eigentümer des Hauses genannt, das ihm und seiner Familie als Sommersitz diente. Aber auch zahlende Gäste fanden Aufnahme, wie im Sommer 1860 der 32jährige Leo Tolstoi. Sein Bruder Nikolaj, schon einige Wochen vorher nach Soden gekommen, hoffte von seiner Tuberkulose zu genesen. Er wohnte in der *Villa Landlust* im Wiesenweg. Der dritte Bruder, Sergej, der Nikolaj begleitet hatte, mußte wegen völliger Mittellosigkeit früher abreisen - das Roulettespiel in Wiesbaden oder Homburg v.d.H. hatte ihn ruiniert. Ob die einzige Schwester der Tolstois Maria, die mit ihren drei Kindern ebenfalls zur Kur in Soden war, auch hier bei Familie Bernus du Fay wohnte, ist nicht zu ermitteln, da die Kurlisten des Jahres 1860 nicht mehr existieren; es könnte aber sein.

Villa Keller

Leo Tolstoi hat Soden nicht aus dem Gedächtnis verloren. Reminiszenzen an seinen Sodener Aufenthalt fanden Aufnahme in den Jahre später veröffentlichten Roman *Anna Karenina* (Siehe auch Kapitel: Sodens berühmte Gäste). 1864 ging das Haus in den Besitz von Friedrich Keller und Caroline geb. Gerber aus Karlsruhe über, die es nun über 30 Jahre lang unter dem Namen *Villa Keller* als Kurpension nutzten und maximal 10 Gäste aufnahmen. Im Mai 1884 nahm wieder ein prominenter Gast Logis in der Kurvilla. Im Jahr zuvor war er gezwungen wegen eines Augenleidens seinen Kuraufenthalt in Soden vorzeitig abzubrechen: Seine Hohe Excellenz Herr Graf Eduard von Todleben, General der Infanterie, General-Gouverneur von Wilna, Kowno, Grodno, Kommandierender General und Generaladjutant Sr. Majestät des Kaisers von Rußland nebst Familie und Dienerschaft von Wilna. (Nach anderen Quellen war er General der Artillerie und sein Name wird Todleben geschrieben.) Als Verteidiger von Sewastopol während der Krimkriege war der General in Rußland eine hochgeachtete Persönlichkeit. Er starb am 1. Juli 1884 während seines Kuraufenthaltes in Soden, 66jährig. Von den aufwendigen Trauerfeierlichkeiten vor der Überführung in seine Heimat sind eindrucksvolle Schilderungen erhalten (Siehe auch Kapitel: Sodens berühmte Gäste).

Ab 1899 wurde die Pension von Pächterinnen verwaltet. Mathilde V. Meske (1899) und M. Siebert (1905) sind uns aus Inseraten bekannt, die die *Fremdenpension ersten Ranges mit großem schattigen Parkgarten* empfahlen, nachdem sich das Haus, laut Bauarchivakten 1895 im Besitz einer Frau v. Ehrenberg befand, die vielleicht zu Fritz Kellers Erbengemeinschaft gehörte. Frau Johanna Misch betreute während des Ersten Weltkrieges in diesem Haus verwundete Offiziere; nach dem Krieg fanden nur noch wenige Gäste Aufnahme. Dr. med. Otto Günzel war seit mindestens 1908 Eigentümer des Hauses und hielt hier auch seine Sprechstunden ab. Im Bauarchiv fanden wir den Plan eines großen, nicht verwirklichten Hauses, das als Sanatorium auf dem sieben Morgen großen Gartengelände hinter den Häusern Nr. 83 und 85, die beide Eigentum Dr. Günzels waren, errichtet werden sollte. Die pflegerische Versorgung der Patienten wollten die Franziskanerinnen übernehmen, entsprechende Vereinbarungen lagen bereits vor. Man vermutete nicht zu Unrecht, daß hier ein Lungensanatorium entstehen sollte, was massive Proteste nicht nur der Nachbarn, sondern auch der Ärzteschaft und der Kurverwaltung hervorrief, bemühte man sich doch schon seit Jahren, den Ruf als Tuberkulose-Heilbad abzulegen. Dr. Günzel, mittlerweile zum Oberstabsarzt ernannt, gab seine Idee aber nicht so schnell auf. Bis 1919 reichte er immer wieder neue Pläne, u.a. für zwei oder drei kleinere villenartige Häuser ein, die jedoch regelmäßig an Einsprüchen scheiterten.

Tolstoi-Haus wird in Soden das im Stil der klassizistischen Kurvillen mit Anklängen an die Villen der italienischen Spätrenaissance gebaute Haus genannt. Die Fassade erhält ihre harmonische Aufgliederung durch drei paarige Fensterachsen, deren mittlere zurückversetzt ist. Der darin eingepaßte Wintergartenvorbau mit Balkon erhöht die mittebetonende Symmetrie. Unter dem schwach geneigten Satteldach ist die Fensterreihe der Gesinde-wohnungen zu erkennen. Nach langen Jahren der Verwahrlosung wurde die Kurvilla 1989 endlich renoviert, wobei der alte Wintergartenvorbau wohl nicht erhalten werden konnte und durch eine moderne Konstruktion ersetzt wurde. Das Balkongitter in der ersten Etage ist noch original erhalten, wie auch die von zwei *antikisierten* Vasen flankierte schöne Sandsteintreppe. Das Haus steht unter Denkmalschutz samt *Garten mit altem Baumbestand und Einfriedung vorn.*

Königsteiner Straße 84

Aus den Unterlagen im Hessischen Hauptstaatsarchiv in Wiesbaden geht hervor, daß der Chirurg Heinrich Baier (Schreibweise auch Beier oder Bayer) 1836 den Bau eines zweigeschossigen Hauses beantragte. Die Kurliste von 1838 weist schon die Namen mehrerer Frankfurter Familien mit Bedienung auf, die in diesem Haus wohnten, man hatte also sofort nach Fertigstellung mit der Vermietung an Kurgäste begonnen. 1850 kaufte der Metzger Adam Müller IV das Haus, ließ es in den Jahren von 1852 bis 1857 auf vier Geschosse aufstocken, erweiterte es um zwei Anbauten und nannte es *Schöne Aussicht*. 1889 übernahm der Schwiegersohn Adam Müllers, Willi Kaskel, das gesamte Anwesen und ließ bei weiteren Baumaßnahmen auch den Speisesaal modernisieren. Seine Witwe führte das Hotel weiter. Bis es 1911 von dem Hotelier Edmund Frings erworben wurde, werden noch M. Göth und Heinrich Schulze-Beckinghausen als Betreiber genannt. Edmund Frings, der von 1905 bis 1911 den *Quellenhof* als Hotel geführt hatte, nannte ab 1912 die *Schöne Aussicht* nun *Parkhotel*, gemäß seiner Lage an der Ecke zum Kurpark. Unter Edmund Frings Leitung erlebte das Hotel einen großen Aufschwung, im August 1916 weist die Fremdenliste z.B. 100 Gäste aus. Nach beiden Weltkriegen war das Hotel von Besatzungstruppen beschlagnahmt, diente während des Zweiten Weltkrieges als Offiziersgenesungsheim und bot später Flüchtlingen und Ausgebombten Unterkunft. Albert Frings verkaufte es schließlich an die IG Bergbau Bochum, die das Haus total umbauen ließ, wobei die Fassade völlig verändert wurde. Danach benutzte es die Firma Hartmann & Braun als Wohnheim. Das einst so gut frequentierte Hotel verfiel zusehends und wurde 1985 abgerissen, um der großen Anlage der City Arkaden Platz zu machen.

Frings Parkhotel

Königsteiner Straße 85

Villa Borgnis - eine Frankfurter Patrizierfamilie gab dem Haus ihren Namen. Der Kaufmann Karl Hieronymus Borgnis (1795-1861), Chef des Handelshauses Borgnis -Tuche, Edelsteine, Geldhandel-, das im Haus *Zum Wölfchen* in der Frankfurter Töngesgasse etabliert war, und seine Frau Emma Philippine geb. Thurneysen, ließen sich das Haus für den Sommeraufenthalt ihrer Familie bauen. Leider war das Baujahr nicht zu ermitteln, dürfte aber, wie das seiner Nachbarn, ungefähr bei 1845 liegen. 1889 gelangte die Villa durch Kauf an Heinrich Rübsamen und Caroline geb. Kaulbach, 1896 an Minna Brückmann, die es an Dr. med. Günzel für Wohn- und Praxiszwecke vermietete. Als Badearzt und Lungenspezialist richtete sich Dr. Günzel nach Erwerb des Hauses 1902 dort sein *Institut für elektrische Lichtkuren* ein.

Wann der Vorbau an der Frontseite des Hauses entstand, wissen wir nicht. Auf einer Abbildung von 1880 soll er schon zu sehen sein. In seiner Mitte befanden sich Treppe und Eingangstür. Das Balkongeländer läßt an die gußeisernen Balkone denken, die zur Entstehungszeit des Hauses in Soden typisch waren und wahrscheinlich auch der originalen Balkonkonstruktion entstammt.

Königsteiner Straße o. Nr. (Villa Dinges – heute Kurpark)

Villa Dinges

Am Kurpark, dem Erholungsheim St. Elisabeth gegenüber, stand, einem alten Ortsplan zufolge, 1840 bereits ein Haus. Das Stockbuch berichtet, daß Johann Dinges II und Sophie geb. Jung 1851 das zweigeschossige Wohnhaus mit dem fast quadratischen Grundriß erwarben. 1859 ging es an eine Erbengemeinschaft der Familie Dinges über. Heinrich Dinges I wird dann 1866 als Eigentümer eines bereits erheblich vergrößerten Wohnhauses mit Gartenhaus genannt. 1880 ist es im Besitz seiner Witwe Caroline geb. Borges, die eine tüchtige Gastgeberin gewesen sein muß; die Fremdenlisten weisen die gesamte Saison über stets ein voll belegtes Haus auf. Ihre Gäste kamen jedes Jahr wieder aus Rußland, aus England, aus Holland und Polen und man kann sich vorstellen, daß die günstig am Kurpark, nahe dem neuen Badehaus und dem Inhalatorium Medico gelegene *Villa Dinges (Curanlage)* einen angenehmen Aufenthalt bot. 1901, wahrscheinlich nach Frau Dinges' Tod, ging das Haus an Karl Noll, der eine Conditorei einrichtete. Auf dem Ortsplan von 1905 ist das Haus nicht mehr zu finden. Das gesamte Terrain der ehemaligen Villa Dinges gehörte seit etwa 1904 dem Frankfurter Arzt Dr. David Rothschild, der sich wenige Meter oberhalb eine Jugendstilvilla erbauen ließ. Das zur Villa Dinges gehörende Gartenhaus bestand noch bis Anfang 1908 und diente Lehrer Becht als Wohnung, der es unter dem Namen *Villa Mathilde* zur Kurvermietung nutzte. Er führte eine lebhafte Korrespondenz einerseits mit Dr. Rothschild wegen des schlechten Bauzustandes (armdicke Risse im Mauerwerk, Schimmelbildung und Ratten), andererseits mit dem Landratsamt wegen des geringen Wohngeldes, das ihn zwang, in diesem Hause an Kurgäste zu vermieten! Das Gartenhaus wurde später auch abgerissen.

Königsteiner Straße 86 a und b

Dr. med. David Rothschild (geb. 30.3.1875 in Frankfurt am Main, gest. 7.8.1936 in Stockholm) kaufte etwa 1904 das Areal der *Villa Dinges (Curanlage),* um sich eine repräsentative Jugendstilvilla errichten zu lassen. David Rothschild, der nach Studienjahren in Würzburg, Heidelberg und Gießen sowie medizinischer Assistenz an

Villa Rothschild

der Universität Padua als Lungenspezialist 1900 die ärztliche
Leitung der Kuranstalt des Dr. Otto Günzel übernommen hatte,
eröffnete nach Fertigstellung seines Hauses eine eigene Praxis. Er
übernahm einen Sitz im Gemeinderat und bemühte sich um die
Hebung der Kurqualität. Sein Hauptanliegen war die gezielte
Bekämpfung der Tuberkulose. In dem inzwischen erbauten kleinen
Nebenhaus, das heute als Standesamt genutzt wird, richtete er
Behandlungsräume mit Röntgenabteilung und *Lichtkuren* ein.
Während des Ersten Weltkrieges arbeitete er im Garnisonslazarett in
Frankfurt und widmete sich nach Kriegsende ausschließlich seiner
Praxis in Frankfurt. 1933 verließ Dr. Rothschild Deutschland und
starb 1936 in Stockholm. Architektonisch besonders interessant ist

das schöne Jugendstiltreppenhaus der Villa Rothschild, die im Jahr 1998 stilgerecht renoviert wurde.

Nebenhaus Villa Rothschild

Königsteiner Straße 87

Laut Stockbuch erwarben Franz Müller und Simonetta geb. Jäger 1842 ein großes Grundstück *an der Chaussee* und errichteten darauf ein dreigeschossiges Wohnhaus mit Stall und Remise. 1866 erbten die Geschwister Wilhelm und Marie Hinkel aus Wien das Anwesen. Aus einem Lageplan von 1868 geht hervor, daß sie das Haus als Kurpension nutzten. Schon 1869 war wieder Besitzerwechsel. Jacob Kaulbach und Susanna geb. Reuß nannten ihr Haus nun *Villa Kaulbach*. Bis zum Verkauf im Jahre 1905 fanden jeweils etwa 20 Gäste Unterkunft. Unter dem Namen *Villa Stella* führte der neue Besitzer Martin Christian die Kurpension bis in den Ersten Weltkrieg hinein weiter. 1919 war das Haus im Besitz des Fabrikanten

Friedrich Christian (Pastillen-Christian), der etliche Modernisierungsmaßnahmen veranlaßte und Anfang der 1920er Jahre als gravierende Veränderung der Fassade die für Sodener Kurvillen stilbildenden filigranen Balkone abreißen und durch den halbrunden massiven Vorbau ersetzen ließ.

Villa Kaulbach/Villa Stella

Das Haus mit der gleichmäßigen Reihung der hohen Fenster, den Lamellenläden und dem mittebetonenden Zwerchhaus ist in harmonischer Farbgebung gut renoviert und soll im Ensemble mit seinen Nachbarhäusern unter Denkmalschutz gestellt werden.

Königsteiner Straße 88, ehemaliges Kurhaus

Das neue Parkhotel ist der Nachfolgebau der beiden Sodener Kurhäuser von 1849 und 1927. Die Genehmigung zur Errichtung eines Kurhauses mit Badeanstalt wurde am 30.8.1845 von Herzog Adolph von Nassau der Sodener Actiengesellschaft, Sitz Frankfurt a.M. in Verbindung mit dem Bau und Betrieb einer Eisenbahn von Höchst nach Soden erteilt. Ludwig Götz, der Kreisbaumeister, errichtete das Haus im *Schweizerstil*. 1849 feierte man die Einweihung.

Da das Kurhaus schon mehrfach Gegenstand ausführlicher Veröffentlichungen war, beschränken wir uns auf eine Zusammenfassung seiner Geschichte. Der erste Pächter des neuen Hauses war Philipp Colloseus, der auch den 1845 gebauten *Europäischen Hof* leitete. Weitere Pächter waren Prückner (1860), Pilger (1865) und Fischer-Dick bis 1869. Dann gelangte das Kurhaus 1875 für 171.000 Mark an Jean Mühle, der es neun Jahre später an die Gemeinde Soden verkaufte. Offensichtlich befand es sich jedoch in sehr schlechtem Zustand, so daß die Gemeinde Soden eine große Summe aufwenden mußte, um es wieder seiner Bestimmung zuführen zu können.

Erstes Sodener Kurhaus, erbaut 1849

Nach anfänglicher Eigenverwaltung wurde das Kurhaus wieder Pächtern überlassen. Eine erneute Modernisierung im Zuge der Elektrifizierung 1897/98 kostete die Gemeinde weitere 80.000 Goldmark. Fritz Ehrlicher, der das Haus 1904 als Pächter übernommen hatte, drängte wegen erheblicher baulicher Mängel und zu geringer Bettenzahl auf Um- und Neubauten. Obwohl mehrere Architekten bereits mit der Planung dieser Maßnahmen betraut waren, unterblieb schließlich jegliche Umgestaltung. Erst 1926 konnte nach entsprechenden Abbruch- und Ausschachtungsarbeiten der Grundstein für den Um- und Erweiterungsbau gelegt werden. Die Kosten beliefen sich auf das dreifache der veranschlagten Summe und betrugen schließlich etwa 900.000 Mark. Die Einweihung wurde in großem Stil begangen. Neben anderen Pächtern führte Fritz Ehrlicher das Kurhaus von 1929 bis 1932. 1944 diente es teilweise als Offizierserholungsheim, 1945 kurze Zeit als Krankenhaus, nach Kriegsende bis 1954 als Offiziersclub der Amerikaner. Hotel- und Restaurationsbetrieb wurden nach Aufhebung der Beschlagnahme wieder aufgenommen. 1971 erfolgte der Abbruch.

Königsteiner Straße 89

Wenn man das schöne Haus betrachtet, fühlt man sich in den Süden versetzt - der Begriff Palazzo-Stil findet hier berechtigte Anwendung. Den Eindruck heiterer Leichtigkeit verdankt die Villa den filigranen Brüstungsgittern und zierlichen Stützsäulen der zweigeschossigen gußeisernen Balkone. Die Rad- bzw. Rosettenmuster der Balkongitter, das zarte Rankenwerk der Spandrillen (Eckzwickel) und Fensterbrüstungsgitter ergänzen in ästhetischer Weise die Architektur des Hauses.

Und hier ist seine Geschichte: 1842 erscheint im Stockbuch der Lehrer Christian Bautz als erster Besitzer, der es von Anfang an als Kurvilla betrieb. Schon 1843 beherbergte er einen prominenten Gast: Giacomo Meyerbeer. Als Musikdirektor in Berlin und Komponist erfolgreich aufgeführter Opern genoß er große Popularität. Soden hat seinen berühmten Kurgast nicht vergessen; die feierliche

Einweihung des neuen Rathauses wurde mit Meyerbeers Krönungsmarsch eröffnet. (Siehe auch Kapitel: Sodens berühmte Gäste) Auch in den nächsten beiden Sommern wohnte ein bekannter Komponist in dem schönen neuen Haus: Felix Mendelssohn Bartholdy. Er war gerne mit seiner Familie Gast in Soden, empfand das *ruhige, einförmige Leben* als eine *unglaubliche Behaglichkeit* und blieb dem Ort dankbar verbunden. (Siehe auch Kapitel: Sodens berühmte Gäste) Als Christian Bautz starb, kam das Haus 1870 an seine Tochter Luise und deren Ehemann Johann Pasak, die es schon ein Jahr später an Wilhelm Peter Nicolaus Praetorius und Ida geb. Kirstein verkauften. Familie Praetorius gab der Kurvilla den Namen *Villa Nassovia.*

Villa Nassovia

Der Frankfurter Arzt Dr. Heinrich Hoffmann, besser bekannt als Struwwelpeter-Hoffmann, der Soden schon seit seiner Kindheit kannte, verbrachte in Begleitung seiner Tochter in den Jahren 1888, 1890, 1891, 1893 und 1894 einige Sommerwochen in diesem Haus. *Wir nahmen zwei Parterrestuben in der Villa Nassovia bei Frau Oberförster Scheurer Praetorius.* Im Rückblick auf seine Kinderferien im Jahre 1815 in Soden befand er: *Damals war das Dorf noch ganz anders primitiv als jetzt.* Während der Saison nahm die Villa Nassovia etwa 20 Gäste auf. Neben den *luftigen, bequem eingerichteten Zimmern* wird in Inseraten noch besonders auf die *Englische und Französische Conversation* hingewiesen. Zu Beginn dieses Jahrhunderts hieß die Besitzerin des Hauses Helene Praetorius, die spätere Frau Beerholdt-Praetorius. Nach ihrem Tod 1950 setzte Fräulein Ilse Praetorius die Tradition des Hauses fort, das wie keine andere Kurvilla in Soden über so lange Jahrzehnte kontinuierlich als Fremdenpension diente. Das unter Denkmalschutz stehende Haus hat wenig Veränderung erfahren, lediglich die Bogenfelder oberhalb der Fenster im Erdgeschoß wurden bei einer Renovierung entfernt. Die Denkmalschutzbehörde weist auf die *hohe künstlerische Qualität* als mitbestimmender Bau des Sodener Stils hin.

Königsteiner Straße 91

Der Kreisbaumeister Ludwig Götz hatte sich 1842 dieses Haus mit dem quadratischen Grundriß gegenüber dem für das Kurhaus vorgesehenen Terrain errichtet, mit dessen Erbauung er von der Sodener Actien Gesellschaft in Frankfurt a.M. betraut worden war. In der *Villa Götz* waren von Anfang an Fremdenzimmer eingerichtet worden - etwa 10 Gäste konnten dort Unterkunft finden. Das Haus blieb 114 Jahre in Familienbesitz; es waren jeweils die Töchter, die es bis zum Ersten Weltkrieg als Kurpension führten. Danach diente es als Wohnhaus. 1946 kaufte der Nachbar Dr. Otto Thilenius die Villa Götz und nannte sie *Pension Sonneck,* die von Pächtern geführt wurde. Das Haus war ursprünglich im ortstypischen Stil der Sodener Kurvillen gehalten mit vier Fensterachsen, dem schwach geneigten Satteldach mit kleinen Gauben und niedrigen Fenstern im Kniestock. Leider fanden sich im Bauarchiv keine Hinweise, wann der massive

Vorbau, der das Aussehen des Hauses so negativ veränderte, in seiner heutigen Form entstand.

Königsteiner Straße 94,

Villa Panorama

Vermutlich wurde diese schöne Villa um 1860 gebaut. Schon 1867 hieß sie *Panorama* und wurde von Adelheid Jung als Kurpension geführt. Bei der Weitergabe des Hauses um 1901 an Pauline Diehl und Simonetta Petersen, beide geb. Praetorius, behielt sie sich Zusitzrecht für sich und ihren kranken Sohn vor. Im Bauarchiv fanden wir für 1905 einen Bauantrag der neuen Besitzerin, Frau Marie Lorey geb. Kaulbach, für die Unterkellerung von drei Zimmern. Frau Lorey nannte das Haus nun *Villa Kaulbach*, wohl um die Stammgäste ihres Elternhauses Königsteiner Straße 87, das verkauft werden mußte, nicht zu verlieren. Die Villa blieb im Besitz der Familie, diente später aber nur noch als Wohnhaus. Das in hellem Grün gehaltene Haus mit der axial gegliederten Fassade, den wohl noch originalen Lamellenläden und den hohen Sprossen- fenstern gibt, zusammen mit dem zweigeschossigen gußeiserenen Balkonvorbau und dem Zwerchhaus mit dreiteiligem Bogenfenster, das intakte Bild einer typischen Sodener Kurvilla wieder. Gemeinsam mit dem Gitterzaun und dem alten Baumbestand steht das Haus seit 1980 unter kulturhistorischem Denkmalschutz. In den Sommermonaten reich mit Blumen geschmückt, wirken Haus und Vorgarten an der verkehrsreichen Königsteiner Straße wie eine anheimelnde Insel freundlicher Ruhe.

Königsteiner Straße 96

Wenn man in dem Inserat einer Kurpension liest, die sich mit *Höhenlage in gesunder Luft* empfiehlt, denkt man an ein Haus im Gebirge. Es handelt sich aber um das *Haus Ludwigsburg* in Sodens Königsteiner Straße. Im Ortsplan von 1868 erscheint Ludwig Ehb als Besitzer der Kurvilla und von seinem Vornamen leitet sich auch ihr Name 'Ludwigsburg' ab. Wahrscheinlich war Herr Ehb auch der Erbauer. 1879 kaufte die Witwe des Dr. Peter Kochen, Henriette, das Haus, deren Tochter Agnes es 1901 übernahm. Sie empfahl ihre Pension besonders erholungsbedürftigen jungen Damen, denen das ganze Jahr über beste Aufnahme zugesichert wurde. 1905 wurde das Haus um die Veranda erweitert, 1930 gelangte es in Besitz des Ingenieurs Johann de Buhr, der es wohl überwiegend als Wohnhaus nutzte.

Königsteiner Straße 98

Dr. med. Moritz Fresenius aus Darmstadt und seine Ehefrau Margarethe geb. Vorbach ließen sich das Haus an der Chaussee nach Königstein 1872 errichten. Damit war die Bebauung der rechten Seite der Königsteiner Straße zunächst abgeschlossen. Familie

Fresenius hatte das Haus schon für eine Nutzung als Kurvilla geplant, brachte aber auch Praxisräume dort unter. Nach seinen Vormittagssprechstunden in der *Villa Putbus* im Wiesenweg, praktizierte Dr. Fresenius nachmittags im eigenen Haus. 1901 ging die Villa an die Tochter über, von der sie dann als *Villa Anna* weitergeführt wurde. Vier Jahre später baute man im ersten Stockwerk der Gartenseite einen Balkon an. Im Jahre 1919 hieß der Eigentümer Ludwig Schutt, der offenbar keine Kurgäste mehr aufnahm, der Name erscheint nicht mehr in den Fremdenlisten.

Die über Jahrzehnte andauernde Vernachlässigung hatte für das Haus vielleicht den positiven Aspekt, von modernisierenden An- und Umbauten verschont geblieben zu sein. 1989 begann eine grundlegende Sanierung des Hauses, die mit einer aufwendigen und sorgfältigen Fassadenrenovierung verbunden war. Es bereitet große Freude zu sehen, als welch schönes Haus sich die *Villa Anna* nach dieser Renovierung darstellt. Nach Beseitigung der Wintergartenverglasung hat das Haus nun wieder offene Balkone, deren originale Gitter nach einem kostspieligen Verfahren sandstrahlbehandelt, spritzverzinkt und weiß gestrichen wieder eine Zierde des Hauses sind. Im ersten Stockwerk wird nun das Dreiecksfeld wieder sichtbar, welches seine Entsprechung im rankengeschmückten Dreiecksgiebel hat, dessen kleine Palmetten-Akrotere erhalten werden konnten. Nach Angaben des mit der Renovierung betrauten Architekten, mußten alle Gesimsbänder erneuert werden. Die neuen Holzklappläden werden nach Auflagen der Denkmalschützer einen grauen Anstrich erhalten. Alle sandsteingefertigten Details der Fassade wurden freigelegt, was wesentlich zu dem harmonischen Gesamteindruck der klar gegliederten Fassade beiträgt. Hier ist Bad Soden ein qualitätsvolles, in seinen Formen ungestörtes Haus aus der Phase spätklassizistischer Kurvillen erhalten geblieben. Mit dem Prädikat *Kulturdenkmal aus künstlerischen und städtebaulichen Gründen* wurde die *Villa Anna* in die Liste der denkmalgeschützten Häuser aufgenommen.

Königsteiner Straße 99

Villa Johannesberg, auch Johannisberg

Erbaut wurde diese prächtige Villa von Johann Hißnauer und Barbara geb. Heß, die sie nach dem Vornamen des Hausherrn *Johannesberg* (auch *Johannisberg*) nannten. Familie Hißnauer brachte langjährige Erfahrung in der Gästebetreuung mit, die sie als Besitzer des Hauses *Philosophenruh* in der Dachbergstraße erworben hatten. Für ihr neues Haus *Johannesberg* warben sie mit der *hochgelegenen Lage mit freiem Rundblick* und *eleganter Einrichtung der hohen, luftigen Zimmer.* Ungefähr 25 Gäste wohnten während der Saison in dem stattlichen Haus. 1911 übernahm Georg Hißnauer Besitz und Leitung des Hauses, das besonders von russischen Gästen bevorzugt wurde - 1913 wohnten dort während der Sommermonate ausschließlich Kurgäste aus Rußland. Das Haus blieb noch bis 1967 in Familienbesitz, diente aber schon lange nicht mehr als Kurpension. Es handelt sich hier um eine Kurvilla im sogenannten massiven Stil, die die Denkmalschutzbehörde für *ein glänzendes Beispiel dieses Stils* hält. Das Zwerchhaus mit dem hohen Dreiecksgiebel und der Balkonvorbau bewirken die Mittebetonung des Hauses. Der untere Balkon wird durch eine geschlossene Brüstung und Pfeiler begrenzt, die den offenen Balkon des Obergeschosses tragen, dessen Geländer aus Balustersäulchen gebildet wird. Die hohen Fenster sind mit zweifarbigen Lamellenläden versehen. Hier ergab sich der seltene Glücksfall, daß ein baulich wertvolles, harmonisch gestaltetes Haus auch eine sorgfältige Renovierung samt ausgesucht schöner Farbgebung erfuhr und so als Musterbeispiel spätklassizistischer Villenarchitektur der Stadt erhalten blieb. Seit 1982 steht es unter Denkmalschutz.

Königsteiner Straße 101

1861 kauften Jacob Dahl und seine Frau Wilhelmine geb. Goldenberg ein zweigeschossiges Haus, das, wie die Oppermannsche Chronik sagt, von Peter Jung an der Chaussee nach Neuenhain gebaut worden war. Es wurde von seinen neuen Besitzern erheblich auf seine heutige Größe erweitert und *Taunusvilla* genannt. Im Stockbuch wird es 1880 als vierstöckiges Haus ausgewiesen. Nach einem Dachstuhlbrand 1883 beantragte, laut einer erhaltenen Bauakte, J.J. Dahl eine Wiederherstellung mit Schieferdach. Dr. Otto Volger berichtet am 16.4.1884 in seiner Kurzeitung *Der Kurgast im Taunus: Die gründlichste Erneuerung erfährt die prächtige Taunusvilla des Herrn Dahl, welche im vorigen Jahr durch einen Brand ihr Dach verlor und nun umso schöner hergestellt wird.* Vielleicht hatte sich J. Dahl bei der Renovierung der *Taunusvilla* und seinem zweiten Haus, der *Teutonia*, finanziell übernommen, denn 1885 ging die *Teutonia*, ein Jahr später auch die *Taunusvilla*, in den Besitz der Landwirtschaftlichen Kreditbank Frankfurt über, die es offenbar der Familie Dahl zur Miete überließ. Bis 1890 erscheinen in den Fremdenlisten die Geschwister Dahl als Vermieter an mehr als jeweils 20 Kurgäste.

Taunusvilla

Die Stockbücher registrieren nun in rascher Folge als Hauseigentümer der *Taunusvilla* Richard Geißler und Wilhelmine geb. Krahle (1891), Karl Ludwig Herrmann (1892), Gustav Kunzmann und schließlich Hämel. 1891 und 1892 erscheint Fräulein Marie Hillebrand als Gastgeberin von 15 bis 20 Gästen, sie war also wohl Mieterin oder Pächterin des Hauses unter den wechselnden Besitzern. Sie beantragte den Bau einer Remise zur Unterbringung ihrer Kutsche, was darauf hinweist, daß sie nun Eigentümerin des Hauses geworden war und die *Taunusvilla* als Ruhesitz erkor, nachdem die ehemalige Lehrerin 1889 ihr Hotel *Villeggiatura* und 1890 ihr Erziehungsinstitut für Mädchen in Neuenhain aufgegeben hatte.

1911 führte Julie Wollenweber als Besitzerin die *Taunusvilla*. Der letzte Eintrag in den Fremdenlisten erfolgte 1912 mit etwa fünf Gästen, die Frau E. Kiefer betreute. Das weiße Haus mit den lindgrünen Lamellenläden und gleichfarbigen Fensterlaibungen und dem grünen, zum Teil gesägten Holzgeländer der Balkone gehört zu den Villen im *massiven Stil* und wird als Wohnhaus genutzt.

Königsteiner Straße 103

Langjährigen Gästen des *alten Frankfurter Hofes* gefiel es in Soden so gut, daß sie sich entschlossen, hier ein eigenes Sommerdomizil bauen zu lassen. Die Frankfurter Großbürgerfamilie konnte ihr schönes, dreigeschossiges Haus 1854 beziehen. Joseph Trier und seine Frau Clara geb. Sachs sind im Stockbuch als Eigentümer eingetragen. Joseph Trier entstammte einer jüdischen Familie, die seit 1644 in Frankfurt a.M. ansässig war und sich zunächst Dreher nannte. Erfolgreich im Bankgeschäft und Textilhandel, gelangte sie zu Wohlstand und Ansehen. Im Sommer des Jahres 1870 wohnte der Großherzog von Baden als Gast bei Familie Trier. Aus Freude über seinen erfolgreichen Kuraufenthalt beschenkte er Soden mit einer Anzahl seltener Bäume von der Insel Mainau für den erweiterten Kurpark, die zum Teil heute noch den Park schmücken.

1876 scheint das Haus an eine Erbengemeinschaft gelangt zu sein. Das Stockbuch nennt Leopold von Lippmann aus Wien, Amalie Schäfer Wwe., Josephine und Franz Schäfer, Düsseldorf als Nachbesitzer. Die Fremdenlisten von 1883 führen das Haus unter dem Namen *Landhaus Villa Trier*, es wurden aber nur wenige Zimmer belegt. 1888 kaufte Wilhelm Merscheid die Villa für seine Töchter Christine Altenkirch und Eva Dünkelberg mit Insitzrecht für sich selbst. Nach seinem Tod ging das Haus 1900 an Johannes Griesheimer, der seine Absicht, die *Villa Trier* zu einer Kurpension zu machen, schnell wieder aufgab. Das Haus wurde inzwischen abgerissen, an seiner Stelle steht heute ein fünfgeschossiges Mietshaus.

Königsteiner Straße 105

Den Namen *Villa Margarethe* erhielt das Haus von Margarethe Schild, der Ehefrau des Erbauers, Inspektor Wilhelm Schild aus Frankfurt a.m. 1893 beauftragte er die Firma Heunisch, ein Doppelhaus für seine beiden Töchter zu bauen. Verwirklicht wurde aus nicht bekannten Gründen nur eine Haushälfte, in der Zimmer bis zu 10 Gästen zur Verfügung standen. 1919 kam das Haus durch Kauf an Metzgermeister Georg Fischer aus Höchst. In seinem äußeren Erscheinungsbild blieb das braune Backsteinhaus mit dem Eckturm, dem Dachtürmchen und den hölzernen Brüstungsgittern an den beiden Balkonen seit seiner Erbauung vor fast 100 Jahren unverändert. Bedingt durch den Wegfall der zunächst geplanten rechten Haushälfte wirkt die Fassade recht unausgewogen.

Königsteiner Straße 107

Die *Kurvilla Augustenburg* wurde 1867 von Carl Scheerer und Sophie geb. Bingenheimer in beherrschender Lage hoch über Soden gebaut. Schon 1869 wurde aus der *Villa Augustenburg* unter dem neuen Besitzer, Landrat Wollweber, die *Villa Beau Site*, ein Name, der der Lage des Hauses gemäß war. Die Frau des Landrats Christine geb. Anthes führte die Pension bis zu ihrem Tod 1891 weiter, danach noch drei Jahre lang ihre Erben. Hugo von Bargen zu Amalienruh erwarb die Kurpension 1894, der bis 1899 Zimmer vermietete. Dann erscheint das Haus nicht mehr in den Fremdenlisten.

Königsteiner Straße 109

Der Sodener Gemeindegärtner Reinhard Jung, der zeitweise auch den *Nassauer Hof* besaß, und seine Ehefrau Susanna geb. Rosenkranz kauften 1852 ein kleines zweigeschossiges Haus mit Gelände für ihre Gärtnerei am Hang nach Neuenhain nahe der Gerichtslinde. Durch den Umbau 1866 bekam das Haus ein alpenländisches Erscheinungsbild, vielleicht angeregt durch den Baustil des damaligen Kurhauses, und wurde nun unter dem Namen *Schweizerhaus* als Kurpension genutzt. Die Tochter Helene Jung erbte 1868 das Anwesen und betrieb, auch nach ihrer Eheschließung mit Eduard Fortlage, das *Schweizerhaus* als Kurpension weiter. 1875 wurde eine Scheune zum Wohnhaus umgebaut. 1880 befand sich das Haus im Besitz des Frankfurter Hypotheken-Vereins, von dem es 1881 Theodor Haltern erwarb. Auf dem zum *Schweizerhaus* gehörenden Gärtnereigelände ließ er 1894 eine Backsteinvilla bauen, die mittlerweile abgerissen wurde. Frau Haltern nahm ab 1895 jeweils etwa 7 Kurgäste auf. In welchem ihrer beiden Häuser, das geht aus den Fremdenlisten nicht hervor.

Kronberger Straße

Die Gesamtanlage Kronberger Straße/Am Thermalbad/Kaiser-straße wurde wegen ihrer ortsgeschichtlichen Bedeutung in die Liste der Denkmal-Topographie aufgenommen. Die nach dem Jugendstil aufkommenden Gestaltungselemente in barockisierenden Formen, durch Erkertürmchen belebte Fassaden, Balkone in vielfältiger Ausführung, betonte Eingangsportale und gotisierende Stilzitate fanden an diesen Häusern phantasievolle Anwendung.

Kronberger Straße 1/Das Paulinenschlößchen

Ihre Königliche Hoheit Herzogin Pauline, Witwe des Herzogs Wilhelm von Nassau, hatte sich während eines erfolgreichen Kuraufenthaltes in Soden entschlossen, hier einen Sommersitz bauen zu lassen, das Paulinenschlößchen am Kurpark. 1847 konnte sie es mit ihrer Familie beziehen.

Paulinenschlößchen

Am 24.9.1855 kaufte Dr. Georg Heinrich Thilenius das sogenannte *Schlößchen* und benutzte es, nachdem er 1861 die Parkvilla von Frau von Krug erworben hatte, als Gästehaus. Bereits im ersten Sommer fanden sich illustre Gäste ein. Nach Aufzeichnungen von Kurdirektor Wienkötter waren es u.a. Herzogin Helene von Orleans, der Graf von Paris und der Herzog von Chartres. Im Sommer 1861 weilten der Prinz der Niederlande und Sophie von Schweden, die Tochter Paulines, zur Kur in Soden. Bekanntlich waren auch die Bismarcks und Graf Moltke Gäste im Paulinenschlößchen.

1908 verkaufte Prof. Dr. Georg Thilenius, der inzwischen eine Professur in Breslau angenommen hatte, sein gesamtes Anwesen; das Paulinenschlößchen, die Krug´sche Villa incl. aller Nebengebäude und Gartenanlagen für 96.000 Mark an die Gemeinde Soden, der das Paulinenschlößchen jahrzehntelang als Rathaus diente. Im Zweiten Weltkrieg von Bomben beschädigt, wurde das Schlößchen jedoch wieder benutzbar gemacht und 1950 unter der kenntnisreichen Leitung des Gastronomen-Ehepaares Irma und Peter Scharp mit seinem gepflegten Restaurant und den beliebten Tanzveranstaltungen zu einem Mittelpunkt des Kurlebens. Die Amtsräume der Gemeindeverwaltung waren zu diesem Zeitpunkt schon in der Parkvilla untergebracht. Auch als das Ehepaar Scharp nach zwanzig Jahren den Betrieb aufgab, blieb, unter wechselnden Pächtern, das Restaurant erhalten. In einem Touristikführer von 1975 heißt es ausdrücklich: Treffpunkt der Feinschmecker ist das Paulinenschlößchen.

Das Paulinenschlösschen ist in seiner langen Geschichte mehrfach um- und angebaut worden. Eine letzte Renovierung fand 1988/90 statt, um dringend benötigte Diensträume für die Stadtverwaltung dort unterbringen. Bei den Renovierungsarbeiten stellte sich heraus, dass die Remise aufgrund der vernachlässigten Bausubstanz gänzlich abgerissen und neu aufgebaut werden musste. In dem im alten Stil wieder aufgebauten Gebäude wurde die oekumenische Diakoniestation untergebracht. Damit konnte das Ensemble mit dem Paulinenschlößchen und der Parkvilla erhalten bleiben.

Kronberger Straße 3/Die Parkvilla

Die ersten Häuser der Kronberger Straße (früher Cronberger Weg) entstanden erst an der Wende zum 20. Jahrhundert. Es gibt vier Ausnahmen: das Armenbad Bethesda, das Kinderheim, das Paulinenschlößchen und die Parkvilla.

Villa Krug - Parkvilla

1845 ließ Frau von Krug aus Darmstadt sich dieses repräsentative dreistöckige Wohnhaus inmitten eines großen Gartens errichten, das heute noch unter dem Namen Krug´sche Villa bekannt ist, im allgemeinen Sprachgebrauch aber Parkvilla heißt. Auch nach dem Verkauf der Villa im Jahre 1861 blieb Frau von Krug dem Kurort treu; ihr Name erscheint z.B. im Winter 1883/84 in der Kurliste, als sie Gast der *Philosophenruh* war. Das Haus ging im März 1861 an Sanitätsrat Dr. Georg Heinrich (das Stockbuch gibt seinen Vornamen mit Georg Moritz an) Thilenius und Marie geb. Lex. Vier Jahre später erfolgte ein größerer Umbau. Auch während er in Berlin als Mitglied des Preußischen Abgeordnetenhauses und des Deutschen Reichstags tätig war, behielten er und seine zweite Ehefrau Helena Bronislawa von Suminska, die er nach dem frühen Tod seiner Frau

Marie 1865 in Warschau geheiratet hatte, ihren Sodener Wohnsitz bei.

Prof. Dr. Georg Thilenius, der Sohn, erbte das Haus 1885 und ließ 1890 erneut Umbauten vornehmen. Erst nachdem Familie Thilenius 1908 ihre Villa an die Gemeinde verkauft hatte, wurde sie als *vornehme Privatpension, prachtvoll inmitten des Neuparkes und an dem Cronbergerweg gelegen, in direkter Nähe des Badehauses ... vollständig neu möbliert"*, so der Text einer Annonce, als Kurvilla eingerichtet und durch Pächter geführt. 1911 bis 1914 nennen die Kurlisten eine Frau Schenk als Vermieterin. Nach dem Ersten Weltkrieg findet sich kein Hinweis mehr, daß die Parkvilla noch für Kurzwecke genutzt wurde.

Die Gemeinde hatte dort nach und nach Amtsräume eingerichtet. Seit einer gründlichen Renovierung im Jahre 1989 sind die Säulen der Fassade und andere architektonischen Details des vorher in klassizistischem Weiß gehaltenen Hauses in einem lichten Sandsteinbraun angelegt.

Kronberger Straße 22 a - h/Die Bethesda (heute Platanenhof)

Endlich hat man es für passend erachtet, dem Armenbad den Namen Bethesda zu geben", heißt es in einem Brief aus dem Jahre 1867. Bethesda wie die Teichanlage am Schaftor in Jerusalem, an der Kranke warteten *wann sich das Wasser bewegte*, das dem Heilung bringen sollte, der zuerst hineinstieg. Hier aber sollte das Wasser jeden heilen, der es täglich in vielfacher Form benutzte. Im Juli 1851 war auf langjähriges Drängen des Obermedizinalrates Dr. Otto Thilenius, des ersten amtlich bestellten Badearztes (Brunnenarztes) Sodens, ein Fonds geschaffen worden, der die Errichtung einer Kuranstalt für bedürftige und mittellose Kranke zum Ziel hatte. Es waren meist Frankfurter Großbürgerfamilien, die namhafte Beträge stifteten. Die kostenlose Bereitstellung des Geländes an der Kronberger Straße seitens der Gemeinde trug 1856 wesentlich zur Verwirklichung des Planes bei. Das Stockbuch beschreibt die Lage *oberhalb der Saline zwischen dem Weinberg und Baumstücken.*

Armenbad Bethesda

Wie wir aus einem Kur-Ratgeber von Dr. med. August Haupt von 1892 wissen, wurde das Armenbad Bethesda 1856 fertiggestellt. In dreimaligem Wechsel pro Saison waren die Kuren auf sechs Wochen angelegt. Das Haus wurde für maximal 18 Kurgäste eingerichtet, in der Regel sollte während eines Sommers die gleiche Anzahl von *Freistellen und Zahlstellen* belegt werden, wie es im Statut heißt. Die Unterhaltung des Hauses erforderte ständige finanzielle Zuwendungen. Regelmäßige Spenden kamen von Familie Reiß (s. Haus Reiß), so ist bekannt, daß z.B. Enoch Reiß in der Zeit von 1851 bis 1863 insgesamt 33726 Mark, sein Sohn Julius aus London von 1875 bis 1881 12092 Mark und die Hinterbliebenen nach Enoch Reiß' Tod 4000 Mark spendeten. Landrat Trott zu Solz bedankte sich 1886 in einem Brief an Julius Reiß für *die Zuwendung reicher Gaben.* Von den übrigen Gründungsmitgliedern gingen wohl auch weiterhin namhafte Spenden ein, allein im Jahre 1881 von Johann Buzzi 18000 Mark. Am 4. Mai 1886 brach auf dem Gelände der Bethesda Feuer aus, dem einige Nebengebäude zum Opfer fielen, an deren Stelle bald darauf ein weiteres Wohnhaus und ein Stall errichtet wurden.

Das Armenbad Bethesda wurde regelmäßig durch den Kreisphysikus kontrolliert. In einem Bericht verlangt er, *daß die Schwindsuchtkeime inhaltenden Abgänge nicht mehr direkt in den Chausseegraben geleitet werden.* Zu den Pflichten des langjährigen Rechners und Aktuars der *Bethesda*, Georg Schmunk, gehörte u.a. *in sein Journal die von ihm vom Anstaltsarzt angezeigten besonderen Verordnungen (Milch, Cognac, Bäder) einzutragen.* 1923 erfolgte die Auflösung der Stiftung. Dem Statut entsprechend fiel das Vermögen und somit das gesamte Anwesen des Armenbades an den Armenfonds der Gemeinde Soden. Das Haus wurde noch 60 Jahre lang den unterschiedlichsten Nutzungen zugänglich gemacht bis es 1983 abgerissen wurde.

Kronberger Straße 2

Zusammen mit dem Haus *Livadia* (Königsteiner Straße 82) kaufte Wilhelm Bimmler 1851 Gartengelände *an der Eisenbahn.* Darauf ließ er sich 1872 eine dreigeschossige repräsentative Villa mit quadratischem Grundriß bauen. 1881 erbten seine Tochter Emma und deren Ehemann Ernst Bächler die Villa, verkauften sie jedoch sofort an den Weißbinder Robert Rübsamen und seine Ehefrau Berta geb. Bechtel, die das schöne Haus, dessen Fassadenmitte ein Balkonvorbau mit Säulchen, gußeisernen Brüstungsgittern und zwei Rundbogenfenstern im Giebeldreieck betonte, auch als Kurvilla betrieben. Bis 1913 nahm man in der Villa Rübsamen jeweils 10 bis 14 Gäste auf. Bis zum Abriß für den Bau der City-Arkaden im Jahre 1985 diente sie dann nur noch als Wohnhaus.

Kronberger Straße 7 /Kinderheim

Oberhalb des Thermalbades in der Kronberger Straße errichteten 1882 Philipp Schild und Carola geb. von Waldeck ein zweistöckiges Haus, das 1890 an Bernhard Strauß und Fanny geb. Heß aus Kronberg ging. Zur Gründung eines Kinderheimes erwarb schon ein

Jahr später Dr. med. Heinrich Rehn aus Frankfurt das Haus samt 2013 qm Gelände und beschrieb in seinem Antrag das Anliegen dieser Gründung: *Dasselbe soll dem Interesse solcher Eltern, insbesondere Beamten ohne Unterschied der Confession dienen, welche bei mäßigem Einkommen die Kosten der Begleitung ihrer erholungsbedürftigen Kinder ersparen wollen.* Sieben Einzelzimmer standen den erholungssuchenden Kindern zur Verfügung. Die Kosten für Verpflegung, Logis und Beaufsichtigung betrugen 3 Mark pro Tag. Die Leitung des Hauses übernahm Schwester Elisabeth Voigt, die ärztliche Betreuung Dr. Otto Thilenius. 1906 übernahm der Frankfurter Verein zur Bekämpfung der Schwindsuchtsgefahr das Haus und errichtete für Liegekuren eine offene Gartenhalle, 1914 wurde eine Erweiterung nach Nordosten beantragt. Nach dem Ersten Weltkrieg führte Schwester Elisabeth Großmann das Kinderheim. Es fällt auf, daß die kleinen Gäste nicht mehr aus Frankfurt, sondern aus Sachsen und Norddeutschland kamen.

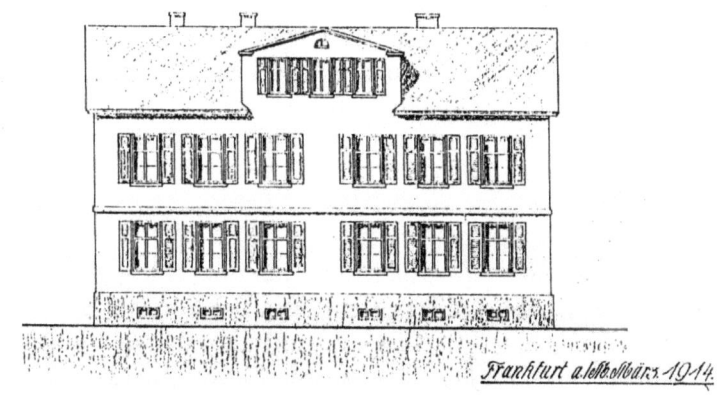

Kinderheim - Bauzeichnung

Das Heim wurde im Zweiten Weltkrieg bis auf die Grundmauern zerstört. Trotzdem beabsichtigte die Stadt Frankfurt -seit 1952 Besitzer des Kinderheim-Anwesens- *weil der Verein es nicht mehr halten konnte*, in den Jahren 1952 bis 1954 das Heim wieder aufzubauen, *da dringender Bedarf vorhanden*. 1955 jedoch erschien, laut Aktennotiz, ein Beauftragter des Frankfurter Liegenschaftsamtes, der die Gemeinde Bad Soden bat, einen Käufer ihrer Wahl für das Anwesen zu suchen, die Pläne des Wiederaufbaues seien aufgegeben worden. Heute ist das Gelände überbaut.

Kronberger Straße 8

Zu Beginn dieses Jahrhunderts entstanden gegenüber der Parkvilla an der Kronberger Straße vier Villen, die wohl von Anfang an zur Kurvermietung vorgesehen waren. Das Haus Nr. 8 ist die *Kurvilla Silvana* der Frau Clara Mansard, für das 1901 der Bauantrag von Robert Rübsamen gestellt wurde. In dem hübschen Haus mit den glasgedeckten gußeisernen Balkonen, den Sandsteinlaibungen und volutenverzierten Dekorfeldern fanden jeweils 9 bis 12 Gäste Unterkunft. Frau Mansard hatte außerdem eine Gräfin Schwerin als Dauermieterin, die ihrerseits auch Kurgäste aufnahm. Für das Jahr 1919 fanden sich im Bauarchiv Unterlagen, die Frau Mansard noch als Eigentümerin ausweisen. Als 1937 Frau Bassing die Villa kaufte, diente sie nur noch als Wohnhaus. Das Haus dürfte sich, außer dem Anbau an der Westseite, noch im Originalzustand befinden.

Kronberger Straße 10

Das Haus Nr. 10 erhielt als Kurvilla den Namen *Siesta*, ein Name, der noch heute an der schönen Fassade des Hauses zu lesen ist. Reich gegliedert, mit Erkertürmchen und steiler Haube, Dachtürmchen, variierenden Fensterformen, den Rundbogen der Loggia und dem dunklen Holzgeländer des Balkons, verrät sie die Hand des Nachbarn Jean Männche, der als Architekt für seine einfallsreichen Fassadengestaltungen bekannt war.

Kurvilla Silvana, Kronberger Straße 8

Robert Rübsamen ist der Erbauer des Hauses, 1905 bittet er um Gebrauchsabnahme. Zuerst erscheinen Fräulein Ella Müller und Fräulein Klockow als Vermieterinnen in den Fremdenlisten, ab 1914 Elisabeth Klockow (später verheiratete Frau v. Klipstein) allein. In dem hübschen Haus am Kurpark fühlten sich die Gäste offensichtlich sehr wohl, die Gästeliste ist lang, auch Amerikaner sind darunter. Eine feste Wohnung hatten der Maler Richard Schoenfeld (1884-1959) und seine Frau Mena in diesem Haus. In einer Aufstellung des Fremdenverkehrsgewerbes von 1955 erscheint die Kurvilla als Christliches Erholungsheim noch immer unter der

Leitung von Frau v. Klipstein. Heute sind in dem sorgfältig renovierten Haus Wohn- und Praxisräume untergebracht.

Kronberger Straße 12

Im Jahre 1900 baute der Architekt Jean Männche für sich und seine Familie diese stattliche Villa. Jean Männche war auch der Architekt anderer Sodener Villen an der Kronberger- und oberen Königsteiner Straße, die sich durch einfallsreiche Fassadengestaltung auszeichnen. Manche waren den Behörden zu phantasievoll, ihre Ausführung wurde nicht genehmigt.

Ab 1905 erscheint das Haus als *Villa Valentine*, genannt nach einer Tochter der Familie, in der Fremdenliste. 20 bis 30 Gäste fanden in den, wie Inserate sagen, *hohen, luftigen komfortabel eingerichteten Zimmern mit zahlreichen Balkons*, Unterkunft. In den Akten des Grundbuches in Königstein sind ab 1919 die Eheleute Curt und Mathilde Wahrendorf als Besitzer des Hauses eingetragen, im Juli 1932 ging es an Georg Stotz, 1963 an seinen Erben Kurt Georg Stotz, der es sofort wieder verkaufte. Während all dieser Jahre wurde es als Mietshaus genutzt. Erst als das Hotelier-Ehapaar Irma und Peter Scharp 1964 das Haus kaufte, wurde es zum *Hotel Kronberg* ausgebaut und ab 1966 *in Betriebsgemeinschaft mit dem Paulinenschlößchen* geführt. 1987/88 erfuhr das Haus eine aufwendige Renovierung.

Kronberger Straße 14

Auch die *Villa Carola* wurde von Architekt Männche entworfen und 1906 für den Bauherrn Robert Rübsamen ausgeführt. Wie die Pläne zeigen, sollte das Haus ursprünglich den Namen *Villa Felicitas* bekommen. Mit der verspielten Fassadengestaltung, den Balkonen, Fachwerkgiebel und Erker war es ein typisches Beispiel für die großzügigere und dekorativere Bauweise der Sodener Kurvillen um die Wende zum 20. Jahrhundert.

Das Haus wechselte in rascher Folge die Eigentümer: Bernhard Satorius, Curt Wahrendorf, der von 1919 bis 1932 auch Besitzer der benachbarten *Villa Valentine* war, und Lehrer Haag, bis es Lehrer Wilhelm Reichmann erwarb, in dessen Händen es bis in die 60er Jahre blieb.

Villa Carola/Felicitas - Bauzeichnung

Die Fremdenliste von 1914 vermerkte als Vermieter M. Schüller, der 14 Gäste meldete. Auf seinen Antrag hin unternahm die

Kurkommission eine Inspektion des Hauses und befand: *Dringend der Renovierung bedürftig, angefaulte Stellen, Risse in Decken und Wänden, Holzwerk außen braucht Schutzanstrich.* Schon nach neunjähriger Benutzung durch Pächter scheint die Villa also sehr verwohnt gewesen zu sein. Offensichtlich wurde das Haus wieder instandgesetzt, denn weiterhin finden sich in den Fremdenlisten als Vermieter Haag und Reichmann. 1969 erhielt der neue Eigentümer Dr. Theophile des Combes die Bestätigung, daß das Haus nicht unter Denkmalschutz steht und ließ es abreißen. Heute steht an seiner Stelle ein Hotel, das in seiner nüchternen Bauweise die Reihe der alten Kurvillen unschön unterbricht.

Niederhofheimer Straße /Wilhelmshöhe

Auf der westlichen Anhöhe über Soden am Weg nach Niederhofheim kaufte sich Nicolaus Schneider im Jahre 1857 ein großes Grundstück, auf dem er zwei Wohnhäuser, Nebengebäude und Ställe errichten ließ. Bis zu diesem Jahr hatten er und seine Frau Johanna geb. Bender den von ihr ererbten *Frankfurter Hof*, auch *Bender'sches Haus* genannt, als Gasthof bewirtschaftet. Nun überließen sie das älteste Sodener Kur- und Badhaus Johannas Sohn Georg Jung aus ihrer ersten Ehe mit Peter Jung.

Pension Wilhelmshöhe

In luftiger Höhe mit weitem Rundblick eröffneten sie 1860 das Ausflugslokal, das später *Wilhelmshöhe* genannt wurde. Nach 21 Jahren kam August Schneider in den Besitz des Anwesens. Im Jahre 1891 hieß der Besitzer N. Ehmes, der auf der *Wilhelmshöhe* neben dem Sommerrestaurant auch Milchwirtschaft betrieb. In einem

Inserat von 1900 empfahl der Gastwirt H. Haas sein renoviertes und neu eingerichtetes Haus besonders zur Aufnahme von herzkranken Kurgästen, was doch ein bißchen verwunderlich ist angesichts des anstrengenden Anstiegs, den die Heilungssuchenden täglich nach der morgendlichen Trinkkur im Quellenpark zu bewältigen hatten, um ihr Frühstück einzunehmen. Ob Fahrdienste im Pensionspreis inbegriffen waren, ging aus der Anzeige nicht hervor. Das helle Licht der *Wilhelmshöhe* nützte seit 1871 sommers der Fotograf Doermer aus Frankfurt. Er lud die Kurgäste Sodens zu Portrait- und Gruppenaufnahmen auf dem Berge ein. Mit dem Bau des Wasserturms 1911 endete die Nutzung der *Wilhelmshöhe* als Gasthof und Restaurant.

Oranienstraße 1

Die *Villa Teutonia* entstand 1873. Bauherren waren die Besitzer der *Taunusvilla*, Johann Jacob Dahl und Wilhelmine geb. Goldenberg. In der Fremdenliste wird die Villa erstmals 1876 aufgeführt. Das Stockbuch beschreibt die Lage mit *am Weg zum Hetzel.*

Villa Teutonia

Für die in der *Teutonia* und der *Taunusvilla* wohnenden Kurgäste fordert Dr. Otto Volger in seiner Kurzeitung *Der Kurgast am Taunus* im Frühjahr 1884 den Ausbau dieses Hetzelweges am Fuße des Dachbergs, um ihnen die Möglichkeit zu schaffen, schnell und bequem zur Trinkkur in den Quellenpark zu gelangen. Dafür bedankte sich J.J. Dahl mit regelmäßigen Inseraten, in denen er seine beiden Häuser als Privathotels in Kurparknähe und bestens möblierten Zimmern empfiehlt. Dann scheint Familie Dahl in Schwierigkeiten geraten zu sein. Die *Teutonia* muß sie der Landwirtschaftlichen Creditbank in Frankfurt überlassen. Ludwig Mondorf erwarb die Kurvilla 1887 und vergrößerte sie. 1901 gelangte sie durch Kauf an die Wwe. Emilia Broich geb. Schmedebach, die bis zum Ersten Weltkrieg jeweils etwa acht Gäste aufnahm. Als Vermieter wird ab 1913 Frau Pfarrer Jaeger genannt, die schon Erfahrungen im Bewirten von Kurgästen zunächst im Pfarrhaus und dann im Haus *Praetoria* gesammelt hatte. Nach 1945 fanden noch einmal Kurgäste Quartier in der *Teutonia*, nun von den Geschwistern Heimann betreut, die schon vor dem Kriege Besitzer des Hauses waren. Die Fassade des Hauses wurde nach einem Umbau neu gestaltet.

Parkstraße 16

Als im Februar 1874 Louis Michel und seine Frau Franziska geb. Jung am Feisgenborn hinter dem Kurpark die *Erbauung eines Schweizer Hauses, resp. Villa mit den nöthigen Oekonomiegebäuden* beantragten, lehnte Bürgermeister Dinges dieses Ansinnen ab, da beabsichtigt sei, den Kurpark bis zum Burgberg zu erweitern und außerdem am Feisgenborn keine Straße gebaut werden könne. Doch Herr Michel blieb bei seiner Forderung. Und tatsächlich wurde noch im Jahre 1874 der Spazierweg am Feisgenborn zur Parkstraße erweitert, ganz sicher durch den Umstand begünstigt, daß die katholische Kirchengemeinde auch an einer Straße als bequemeren Zugang zu ihrem 1864 errichteten Gotteshaus interessiert war und deshalb dafür ein Stück ihres Gartens abtrat.

Zu diesem Zeitpunkt war wohl auch der Rohbau des für Soden in ungewöhnlichem Stil gehaltenen Hauses bereits erstellt. Das dreigeschossige Haus erhielt einen auf drei Seiten umlaufenden Holzbalkon in alpenländischem Stil. Die verzierten Fenster des ersten Stockes und die dreiteiligen hohen Giebelfenster erhielten geschnitzte Holzlaibungen, wie auch am weit überstehenden Satteldach ein geschnitzter Holzfries verlief. Das heutige Erscheinungsbild des Hauses entspricht noch genau der von Louis Michel eingereichten Bauzeichnung, nur die Lamellenklappläden waren nicht eingezeichnet. Familie Michel nannte ihr Haus trotz seines alpenländischen Charakters *Pommerania*. In einem Inserat von 1892 ist zu lesen: *Villa Pommerania, vis-a-vis dem Kurhause, direkt am Kurpark gelegen, gänzlich staubfrei, vollkommen geschützte Lage gegen Nord- und Ostluft mit prachtvollen, von Veranda umgebenden Zimmern und schönem schattigen Garten.* Wie Fremdenlisten zeigen, wurde die *Pommeran*ia von Familien mit Kindern bevorzugt; jeweils 14 bis 18 Gäste fanden Aufnahme.

Noch 1965 war das Haus im Besitz einer Erbengemeinschaft Michel, doch diente es schon längere Zeit als Wohnhaus. Es wurde nun unter Denkmalschutz gestellt. In der Begründung heißt es: *Kulturdenkmal aus baukünstlerischen Gründen. Das Haus stellt den Versuch dar, den Sodener Baustil vor 1900 durch Variation der Schweizer Häuserbaukunst zu bereichern.*

Parkstraße 20

Heinrich Rübsamen beantragte 1896 den Bau einer Villa in der heutigen Parkstraße. Schon 1903 erweiterte er sein Haus zum wasserführenden Hang des Burgbergs hin um eine unterkellerte Halle, die seinen Gästen auch als Liegehalle diente. Das Haus blieb im Besitz der Tochter Herrn Rübsamens, Lucie Heber, die es noch bis in die sechziger Jahre als Kurpension betrieb. Durch sorgfältige Renovierungen hat es sein ursprüngliches Aussehen behalten.

Talstraße 1

In der Talstraße, an den Wilhelmspark angrenzend, steht das Haus, das früher *Villa Aspira* hieß. Dr. phil. Adolf Kallner beantragte 1911 die Errichtung dieser Villa. Das große Haus mit seinen Liegeterrassen und Balkonen, ganz im Grünen gelegen, war von Anfang an als Erholungsheim für strenggläubige Juden konzipiert worden. Unter der Trägerschaft einer *Erholungsheim GmbH* leitete Frau Sara Kallner, eine Schwester der langjährigen Leiterin der Jüdischen Kuranstalt, Ida Beith, das Sanatorium. Dr. Kallner starb 1922; seine Frau verließ Deutschland, nachdem die NSDAP 1934 das Haus übernommen hatte. Die Deutsche Arbeitsfront richtete 1938 dort Büros und Schulungsräume ein. Nach dem Zweiten Weltkrieg wurde die *Aspira* als *Sanatorium Dr. Halbensteiner* noch einmal für Kurzwecke genutzt, später unterteilte man das Haus in Wohnungen.

Villa Aspira

Talstraße/Dachbergstraße/Israelitische Kuranstalt

Eine Gedenktafel mit nachstehendem Text erinnert an das Gebäude. *Hier stand die Israelistische Kuranstalt. Sie wurde am 10.*

November 1938 von hiesigen Nationalsozialisten verwüstet und niedergebrannt. Die Bewohner wurden verjagt. Ein beschämendes Ende für eine Einrichtung, die einst im Geiste der Humanität errichtet worden war.

Ihre Entstehungsgeschichte hat zwei Versionen: Im Frankfurter Stadtarchiv fanden wir Unterlagen, nach denen eine Baronin Rothschild (leider werden weder Vornamen noch Wohnort genannt) bei einem Besuch in Frankfurt dem jungen beeidigten Makler Michael Moses Mainz das soziale Engagement der reichen jüdischen Familien in Paris, London und Amsterdam schilderte. M.M. Mainz (1842-1927), aus alter Frankfurter Familie stammend, erklärte sich bereit, bei Ausstattung mit hinreichenden Mitteln, auch in Deutschland entsprechende Einrichtungen zu schaffen. Es scheint sich um die Baronin Edmond de Rothschild aus Paris gehandelt zu haben. Unter M.M. Mainz Leitung entstanden zahlreiche Rothschildsche Stiftungen für Hospitäler, Kinder- und Erholungsheime u.a. in Baden-Baden, Bad Nauheim, Diez und eben die Sodener Israelitische Kuranstalt.

Israelitische Kuranstalt

Nach anderen Quellen soll Mathilde Rothschild, die mit ihrem Onkel Wilhelm Karl in Frankfurt verheiratet war, die Anregung zur Gründung der Kuranstalt gegeben haben. Die Gründung der Kuranstalt erfolgte in den Jahren 1886/1887 durch reiche jüdische Familien. Wie bei auffallend vielen Stiftungen sind Frauen die Initiatorinnen, in den Stiftungsurkunden werden jedoch nur Männer genannt.

Nach den von sieben Vorstandsmitgliedern erstellten Statuten sind unbescholtene Juden beiderlei Geschlechts aufnahmefähig, außer Gemütskranken und Patienten mit ekelerregenden Krankheiten. Die Bedürftigkeit der Antragsteller wird nicht erwähnt, obwohl die Stiftung den Namen *Kuranstalt für arme Israeliten* erhielt. Schon im Jahre der Stiftungsgründung 1886 erwarb M.M. Mainz an der Dachbergstraße das Haus *Philosophenruh* (Nr. 25) mit dem dazugehörigen Garten- und Wiesenland. Baupläne und Unterlagen, die den eigentlichen Bau der Kuranstalt betreffen, konnten wir nicht finden. Die ersten Unterlagen über seine Bautätigkeit betreffen bereits Anbauten an die in der Zwischenzeit entstandene Kuranstalt: 1888 Erbauung eines Speisesaals, 1894 seine Aufstockung, 1895 weitere Anbauten. In den Anfangsjahren mit 10 bis 12 Patienten belegt, stieg die Gästezahl auf bis zu 35, darunter viele Lungenkranke. Wegen des großen Andrangs von Genesungssuchenden aus ganz Europa war der weitere Ausbau der Kuranstalt nötig geworden. Teilweise wohnten die Kurgäste in den Häusern an der Dachbergstraße, erhielten jedoch Verpflegung und medizinische Betreuung in der Kuranstalt.

Waschanstalt, Desinfektionsgebäude, Badeanstalt und *Absonderungsräume für TBC-Kranke* entstanden zwischen 1902 und 1905. Bereits im Jahre 1909 mußte ein großer Anbau erstellt werden, in dem Einrichtungen der für die Tuberkulose-Behandlung wichtig gewordenen Röntgen-Diagnostik Platz fanden. Eine separate Milchküche, bessere Personal-Wohnräume und die Vergrößerung der Veranda statt der vom Bauamt immer wieder abgelehnten Liegehalle, entstanden ebenfalls im Zuge dieser Baumaßnahmen. Während des Ersten Weltkrieges wurde auch die Israelitische

Kuranstalt, wie mehrere andere Häuser in Soden, als Lazarett eingerichtet.

Nach dem Krieg nahm man den Kurbetrieb wieder auf. Ein Antrag vom 30.10.1936, die Kuranstalt zu vergrößern, wurde jedoch mit dem Hinweis abgelehnt, daß es im Interesse Bad Sodens läge, keinerlei Behandlung von Tuberkulose, gleich welcher Art, zuzulassen und damit die Anstalt untragbar geworden sei. Man bittet von Neuinvestierungen abzusehen. Die *Kuranstalt für arme Israeliten* wurde während der Ausschreitungen im November 1938 zerstört. (Siehe Materialien zur Bad Sodener Geschichte, Heft 4)

Wiesenpromenade/Wiesenweg

In der ersten Hälfte des 19. Jahrhunderts wurde die Wiesenpromenade auf dem ehemaligen *Gebück,* der mittelalterlichen Ortsbefestigung und Grenze, die aus Hainbuchenhecken bestand, deren Zweige ineinander verflochten Schutz boten, angelegt. Sie diente als Verbindung zwischen den Quellen und Kureinrichtungen im alten Ortskern mit den neu entstandenen Kurvillen und Hotels an der Königsteiner Straße, wie auch als Fußweg zum Bahnhof. Zur Wiesenpromenade, auch *Haingraben* genannt, gehörten die heutige Brunnenstraße und der Wiesenweg. Im östlichen Teil des Wiesenwegs stehen nur zwei ehemalige Pensionen -Wiesenweg 2 und 4-, die größere Anzahl der Kurpensionen befinden sich im Verlauf des westlichen Teils.

Wiesenweg 1

Adam Troeste und Justine geb. Wink, die wenige Jahre vorher die Häuser Wiesenweg 2 und Brunnenstraße 9 gebaut hatten, errichteten auf einem Wiesengelände zwischen Wiesenweg und Alleestraße in den Jahren 1872 bis 1875 ein zweigeschossiges Haus mit mehreren Anbauten als Kurvilla für etwa 12 Gäste und nannten es *Alemannia.* Frau Troeste verkaufte 1877 die Kurpension an Christian Filzinger und Ottilie geb. Schneider, behielt sich aber den *Nutzgenuß* vor, der 1901 erlosch. Christian Filzinger erweiterte 1891 das Anwesen um einen Speisesaal, der durch eine offene Halle mit dem Haus verbunden war.

Im Jahre 1896 wohnte bei Familie Filzinger vom 12. Juli an für vier Wochen eine Frau Cohn aus Berlin, die bald nach diesem Kuraufenthalt unter ihrem Mädchennamen Clara Viebig (1860-1952) als Schriftstellerin rasch bekannt wurde. In ihrer Novelle *Wen die Götter lieben* sucht die kranke Heldin Susanne auf Anraten ihres in Frankfurt konsultierten Arztes *Hals-Schmidt* Heilung in Soden. Susanne wohnt im *Hotel l' Europe*, nicht in der Alemannia, aber das Ankunftsdatum, der 26. Juli 1896 fällt in die Zeit der Anwesenheit Clara Viebigs hier im Taunusbad - eine Reminiszenz an ihre eigene Kur kurz nach ihrer Heirat mit dem Berliner Verleger F. Th. Cohn, der sie zum Schreiben ermunterte und in die literarische Welt einführte. Mit ihren naturalistischen, an Zola geschulten Romanen und Novellen, die vorwiegend in der Umgebung ihrer Kindheit, dem Rheinland und der Eifel spielten, wurde Clara Viebig zu Beginn des 20. Jahrhunderts mit Gerhart Hauptmann und Thomas Mann in einem Atemzug genannt.

Villa Alemannia

Die *Villa Alemannia* (in Kurlisten meist *Allemannia*) blieb bis 1955 in Familienbesitz. Wilhelm Filzinger vergrößerte 1913 das Haus durch Aufstockung und versah es mit einem Gaubendach. Seine Tochter Marie Filzinger führte die Pension weiter und nahm auch noch nach dem Zweiten Weltkrieg Gäste auf. Allerdings hatte sie erhebliche Schwierigkeiten mit Bauaufsicht und Gesundheitsamt wegen des schlechten Bauzustands der Gebäude. Als 1955 Dipl. Ing. Hans Domininghaus das Anwesen kaufte, erfolgte eine grundlegende Renovierung. Frau Domininghaus vermietete weiterhin Zimmer und Appartements im Erdgeschoß und im Anbau.

Wiesenweg 2

Erbauer dieses 1850 ohne Keller errichteten Hauses mit Werkstatt waren laut Stockbuch Adam Troeste und Justine geb. Wink. Es diente als Sommerwohnung für Kurgäste. Familie Troeste verkaufte es 1856 an den Frankfurter Kaufmann Albert Hessen (auch Heßen) nach Fertigstellung ihres Hauses Brunnenstraße 9 (Ecke Wieseweg). Albert Hessen, durch Heirat mit Susanne Winkler, von 1859 bis 1872 auch Besitzer des Badhauses *Winkler,* nahm weiterhin Sommer- und Kurgäste auf. Nachdem seine Tochter Albertine Hessen das von ihr ererbte Haus 1889 an den Schuhmacher Joseph Krapf verkauft hatte, diente es als Wohnhaus. Das Hinterhaus kam 1890 in den Besitz von Jacob Preis. In der Remise richtete 1893 der Königsteiner Fotograf Franz Schilling ein *Photo-Atelier* ein. Moses Schott erwarb 1899 das gesamte Anwesen und verkaufte es 1902 an Anton Pauly. Dieser baute es so um, wie es dank der sorgfältigen Renovierung vor wenigen Jahren äußerlich erhalten ist. Die Form der zweigeschossigen Holzloggien mit den verglasten, sprossen-unterteilten Rundbögen, Fachwerkstreben und Geländern ist in Soden einmalig. In seinem Bauantrag für Veranda und Treppenhaus begründete er sein Vorhaben: *...weil Konstruktion des Hauses das Wohnen im Winter unmöglich macht.* Gleichzeitig baute er das Photo-Atelier zu einer Sommerwohnung um. Der Oberpfleger Friedrich Biermann kaufte 1910 das Anwesen und richtete darin zusammen mit seiner Frau Sophie, einer ehemaligen Oberin, *Biermann's Krankenpflege-Institut Eben-Ezer* ein (hebr.: Stein der Hilfe). So wurde das Haus nach langen Jahren nochmals für kurze Zeit zu einer Kurpension für bis zu 15 Gäste. Am 1.5.1925 eröffnete der Gastronom Kornreich aus Frankfurt in der *Villa Eben-Ezer* eine *Restauration der Wiener Küche.* Offenbar war dieses Unternehmen nicht sehr erfolgreich, denn bereits 1926 gehörte das Haus dem Weißbinder Georg Maurer, der in den Nebenräumen sein Geschäft betrieb. Ein Bombenangriff forderte 1941 drei Todesopfer im Haus, seine Beschädigungen waren aber nicht schwer. Es blieb in Familienbesitz, diente aber nur noch als Wohn- und Geschäftshaus.

Haus Eben - Ezer

Wiesenweg 3

Louis Link erbaute 1906 diese Villa im Wiesenweg Nr. 3 als Kurpension. Das Haus blieb ein halbes Jahrhundert in Familienbesitz, wurde aber nicht mehr zur Kurvermietung genutzt. In den 1960er Jahren hieß es *Villa Marie*. Der Name verschwand bei der Renovierung 1988 von der Fassade.

Wiesenweg 4

Wie das Nachbarhaus Nr.2 wurde auch *Haus Paulinenthal* um 1850 gebaut. Von dem Bauherrn Carl Klauer erwarben es 1855 Peter Weiland und Christine geb. Wirth und beherbergten jeweils bis zu 10 Kurgäste. 1900 kam das Haus in den Besitz des Architekten und Immobilienhändlers Franz Ober und diente bis in die 30er Jahre dieses Jahrhunderts unter dem Namen *Villa Ober* als Kurpension. Nachdem Fräulein Ella Uhrich in der Zeit vor dem Zweiten Weltkrieg eine Massage-Praxis in diesem Hause betrieben, aber keine Kurgäste aufgenommen hatte, erwarb es 1943 ihre Großnichte Elisabeth Wenzel, die noch bis weit in die 1960er Jahre die nach ihr benannte *Pension Elisabeth* führte und mit ihrer Kochkunst besonders in den schlechten Zeiten nach dem Krieg viel Lob ernten konnte, wovon die Eintragungen in ihrem Gästebuch Zeugnis geben. Das Haus mit seinem großen Garten ist heute noch im Besitz der Familie. Es wurde bis 1959 mit dem für die Sodener Villen typischen gußeisernen, die Mitte betonenden zweistöckigen Balkon geschmückt, der im Erdgeschoß zu einer Terrasse erweitert war. Wegen Baufälligkeit mußte er einem massiven Erkervorbau weichen.

Haus Paulinenthal

Wiesenweg 6

1849 kauften Gerhard und Catharina Christian geb. Haßler dieses Haus, das 1868 schon *Putbus* hieß, was sich auf den Namen des Kurortes auf der Insel Rügen beziehen soll. 1874 ging es an Friedrich Butzers Witwe Agathe geb. Christian, 1875 an Friedrich Lendle, der Praxisräume an Dr. Fresenius vermietete. 1895 erwarb es Johann Mayer. Bis es 1900 an Hans Stark weiterverkauft wurde, diente es von Anfang an als Kurvilla, eines der hübschen Häuser an der Wiesenpromenade. Dann erscheint es nicht mehr in den Fremdenlisten. Erst nach dem Zweiten Weltkrieg empfiehlt es sich wieder unter dem Namen *Pension Stark* als *modern eingerichtete, gepflegte Kurpension*. Ein Foto aus dem Jahre 1963 zeigt das Haus noch mit seinen schönen, über alle Stockwerke reichenden Doppelbalkonen, die auf grazilen Stützen ruhten.

Wiesenweg 8

Die *Villa Pfeiffer* dürfte 1852 erbaut worden sein. Ihre wahrscheinlichen Erbauer waren Georg Pfeiffer und Elisabetha geb. Schmunk. Das Haus diente kontinuierlich als Kurpension. Als es die Töchter Anna Maria und Margarethe Pfeiffer 1893 erbten, widmeten sie sich auch weiterhin der Betreuung ihrer Kurgäste bis 1929. Ihr Erbe Ludwig Ott nutzte das Haus als Wohnhaus und nahm einige bauliche Veränderungen vor. 1941 wurde es durch eine Bombe stark beschädigt, so daß es neu aufgebaut werden mußte. Wie die Villa Pfeiffer einmal ausgesehen hat, dafür konnten weder Bilder noch Baupläne gefunden werden.

Wiesenweg 10

Laut Stockbuch erwarben Carl Scherer (auch Scheerer) und Sophia geb. Bingenheimer 1852 ein Baugrundstück und Garten zwischen dem Wiesenweg und dem *Gäßchen* (ehemaliger Teil der Enggasse) und bauten darauf ein dreigeschossiges Wohnhaus, das sie 1856 im Tausch gegen das benachbarte Baugrundstück an August Hild abgaben. Auf einem Ortsplan von 1868 trägt es als Kurvilla den

Namen *Concordia*, geleitet von Frau Hild. Karl Hild übernahm die Concordia 1881 und führte sie bis 1885 mit seiner Frau Elisabeth geb. Mausch weiter. Nachdem 1885 Anton Otterberg und 1888 Melchior Adolf Pistor das Haus erworben hatten, erscheint es nicht mehr regelmäßig in den Kurlisten. Der spätere Besitzer Johannes Steinhäuser, der 1906 beim Bauamt eine Erweiterung durch eine offene Halle beantragte, vermietete wieder, wenn auch in beschränktem Umfang Zimmer an Kurgäste. Dachdeckermeister Hermann Heckeroth aus Frankfurt kaufte 1929 das Haus, das 1941 durch eine Bombe stark beschädigt wurde. Der zunächst genehmigte Abriß wurde widerrufen, ab 1948 betrieb H. Heckeroth die Wiederherstellung. 1955 erhielt er die Genehmigung zur Entfernung der Balkone, die dann als Massivkonstruktion ausgeführt wurden.

Wiesenweg 12

Wie die benachbarte *Concordia* fünf Jahre früher, wurde die *Villa Helvetia* 1857 von Carl Scherer und Sophia geb. Bingenheimer erbaut. Bevor sie mit dem Bau ihres dritten Hauses, nunmehr an der Königsteiner Straße, begannen, verkauften sie 1866 die *Villa Helvetia* an Fräulein Marie Hillebrand, die in Rödelheim ein Mädchenpensionat betrieb, das sie bald nach Soden und schließlich nach Neuenhain verlegte. Die *Villa Helvetia* ließ sie als Kurpension von dem französischen Lehrer ihres Instituts verwalten, der auch hier wohnte. Bauliche Veränderungen beantragte sie persönlich, so die Überdachung einer Freitreppe noch 1877. In diesem Jahr verkaufte sie das Haus an den Königlichen Sanitätsrat Dr. Wilhelm Stöltzing, der regelmäßig eine kleine Anzahl von Kurgästen aufnahm, aber auch seine Praxisräume im Hause hatte, zu denen ein separater Eingang an der Ostseite des Hauses führte, der später zugemauert wurde. In den 1950er Jahren fand man bei Unterkellerungsarbeiten eine Grube mit vielen kleinen Arzneifläschchen und anderem Praxisabfall. Als 1897 nach Dr. Stöltzings Tod sein Neffe gleichen Namens das Haus erbte, wurde es verpachtet. In Ortsplänen von 1903 und 1905 heißt es *Villa Helena*. Diesen Hausnamen führte dann auf dem Ortsplan von 1910 ein Haus hinter der Synagoge in der

Neugasse. Seit 1910 war der Kurdiener Anton Bastine Besitzer des Hauses am Wiesenweg und nutzte es wieder unter dem Namen *Helvetia* zum Kurbetrieb. Es fiel auf, daß nur Herren bei ihm wohnten, fast ausnahmslos Soldaten: Dragoner, Musketiere und Feldwebel. Waren es vor dem Ersten Weltkrieg noch jeweils 12 bis 14 Gäste, so beherbergte sein im Krieg zum Militär-Erholungsheim umfunktioniertes Haus nunmehr 45 Soldaten. Nach dem Krieg hatte die *Helvetia* als Kurvilla ausgedient. Eine grundlegende bauliche Veränderung erfuhr die Villa 1954, als die gußeisernen Balkone entfernt und durch eine massive Steinkonstruktion mit Abschluß-giebel ersetzt wurden.

Villa Helvetia

Wiesenweg 14

Dieses vorbildlich renovierte Haus mit seinen klaren Proportionen und der gepflegten Gartenanlage ist noch heute imstande, uns einen Eindruck der von den schönen Kurvillen aus der Mitte des 19. Jahrhunderts geprägten Atmosphäre in der Wiesen-promenade zu vermitteln. Die Sprossenfenster, die braunen Klappläden, der gußeiserne Balkon und die kugeligen Baumkronen davor ergeben ein Bild, das sicher schon damals als harmonisch und ruhespendend empfunden wurde.

Villa Germania

Lehrer Carl Baso und seine Frau Helene geb. Bender kauften 1855 das Baugrundstück und bauten 1857 die Villa, die sie

Germania nannten. Eine verwitterte Steinfigur der Namensgeberin stand noch 100 Jahre später im Garten. Als Hinterhaus kam 1859 ein zweigeschossiges langgestrecktes Gebäude dazu, *gelegen am Gäßchen* wie es im Stockbuch heißt. Carl Friedrich Mayer heißt 1862 der Besitzer der Häuser, bereits 1863 wurden sie von Carl Müller und Catharina geb. Brockholder gekauft. Laut Ortsplänen leitete Frau Haßlacher die Kurpension für Familie Müller. Auch nachdem 1874 Carl Schäffner aus Dillingen das Anwesen erworben hatte, weisen die Ortspläne die *Germania* noch als Kurvilla aus, in den Gästelisten wurde sie aber nicht mehr geführt. Endgültig ausgedient als Kurvilla hatte die *Germania*, als Oberamtsrat Hermann Schubert 1895 als neuer Besitzer die Villa für seine Bedürfnisse umbaute.

1907 ist die Villa gemäß Bauakten im Besitz des holländischen Generalkonsuls in Spanien van Panhuys, der aber nie in Soden gewesen sein soll. Vorwiegend den Unterstock der Villa bewohnten seine zweite Ehefrau mit Mutter und zwei Söhnen. Frau Anny van Panhuys, die uns als blonde, stets blaugewandete schöne Frau geschildert wurde, war die erfolgreiche Autorin von mehr als 150 Frauenromanen, deren Titel von *Die Armspange der Valois* über *Resi Trautners Lebensroman* bis *Die Wildkatze* reichen. In den Jahren zwischen 1910 und 1955 versorgte die Baronin Panhuys ihre Lesergemeinde mit erträumtem Glück. Die Manuskripte der in Soden verfaßten Romane übertrug die im Hinterhaus wohnende Frau Franz ins Reine. Nach dem Umzug der Familie nach Spanien erwarb Otto E. Stahl das Haus und beantragte 1924 einen Umbau im Inneren der Villa. Um 1955 wurden für kurze Zeit noch einmal Zimmer an Kurgäste vermietet.

Das Haus steht heute als typisches Beispiel der klassizistischen Sodener Kurvillen der zweiten Generation unter Denkmalschutz.

Wiesenweg 18

Adam Dinges und Agnese geb. Christian erbten 1840 Wiesengelände an der späteren Wiesenpromenade, auf dem sie nach deren Erschließung ein zweigeschossiges, etwa 12 mal 10 Meter großes

Haus errichteten, das sie als Kurpension *Rhenania* bis 1875 führten. Ihre Erben gerieten offenbar in finanzielle Schwierigkeiten, das Haus kam 1882 in den Besitz des Vorschuß-Vereins Höchst, wurde aber als Kurpension weiter betrieben, wie aus den Gästelisten hervorgeht. 1896 erwarben August Steinbeck und Helene geb. Robert das Haus und vermieteten unter dem Namen *Villa Steinbeck* Zimmer an Kurgäste. Ludwig Schenzer wurde 1898 Besitzer des Hauses und veranlaßte einen Umbau. Seit 1901 war es im Besitz von Wwe. Anna Müller und Dorothea Lüst, die es wieder unter dem Namen *Rhenania* als Kurpension mit jeweils 10 bis 16 Gästen führten. Auch nach dem Zweiten Weltkrieg noch in Familienbesitz, fanden Kurgäste Unterkunft. 1974/75 erhielt der nunmehrige Besitzer die Genehmigung zum Abriß des Hauses, um ein modernes Wohnhaus an seiner Stelle zu errichten.

Wiesenweg 20

Erbaut wurde die *Villa Victoria* 1851 von Johann Müller III, 1865 kam sie durch Kauf an Sophie Scheidel aus Frankfurt a.M., die sie als Kurpension führte, ebenso wie Ernestine Dilthey, in deren Besitz das Haus 1872 kam. Etwa 1883 zog der Gymnasial- und Realschullehrer Werlemann mit seinem Institut in die Villa Victoria ein, das später von seiner Tochter weitergeführt wurde. Dr. Otto Volger, der Gründer des Freien Deutschen Hochstiftes in Frankfurt a.M., wohnte 1883 für einige Monate mit seiner Familie hier, bevor er in die benachbarte *Landlust* umzog. 1896 kaufte der Sodener Kurarzt Dr. Henry Hughes das Haus, in das auch seine Praxisräume von der Alleestraße 4 verlegt wurden. Zur Kurvermietung wurde es zunächst nicht mehr genutzt. Viel später, bis in die 1960er Jahre, wurden wieder vereinzelt Kurgäste aufgenommen. Nach der Aufteilung der Fensterachsen zu urteilen, war das Haus ursprünglich mit einem der ortstypischen zweigeschossigen gußeisernen Balkone versehen, die zunächst im Parterre, dann auch in der ersten Etage durch Wintergärten ersetzt wurden. Die 140 Jahre alte Kurvilla wurde 1990 abgerissen.

Wiesenweg 24/Ecke Zum Quellenpark

Dieses Haus erscheint schon auf dem Plan von 1868 als Kurvilla *Landlust* mit den Besitzern Christoph Schneider und Magdalena geb. Arend, die es 1858 gekauft hatten. Im Sommer 1860 beherbergte das Ehepaar den todkranken Nikolaj Tolstoi, der in Begleitung seines Bruders Sergej voller Hoffnung auf Genesung aus Rußland nach Soden gekommen war. Die Brüder mieteten *drei Zimmer für 20 Gulden wöchentlich, Mahlzeiten extra. Soden ist ein herrlicher Ort*, fand Nikolaj, fühlte sich bald wohler und wollte sechs Wochen bleiben. Leider verschlechterte sich sein Zustand bald; kaltes und regnerisches Wetter veranlaßten seine Ärzte auf Abreise zu drängen. Er fuhr nach Südfrankreich, wo er im September der Tuberkulose erlag.

1874 wurde das Haus von Dr. Eduard Bröcking erworben, der dort auch seine Praxis einrichtete. Seine Erben verkauften es 1881 an Jacob Zorn. Im Jahre 1884 dann kauften sie es unter Vormundschaft von Dr. Fresenius zurück.

Dr. Otto Volger, gen. Senckenberg, Gründer des Freien Deutschen Hochstifts und damit *Retter des Goethehauses* in Frankfurt a.M., wohnte ab Januar 1884 in der *Landlust*, nachdem er vorher einige Monate mit seiner Familie im benachbarten *Haus Victoria* Quartier genommen hatte. Er versuchte eine Kurzeitung *Der Kurgast am Taunus* zu etablieren, was mißlang. Nach neun Monaten gab er den Versuch auf. Verdienstvoll war auch seine Zusammenstellung aller über Soden erschienenen Veröffentlichungen, die unter dem Titel: *Sodens Schriftenschatz* herausgebracht wurden. Seine Tochter Agnes richtete 1884 ein Mädchenpensionat, *Kräftigungs-Aufenthalt für Töchter*, in der *Landlust* ein.

1889 gelangte das Haus an Pfarrer Friedrich Wilhelm Jäger und seine Ehefrau Gertrude geb. Ahlshausen, 1892 an die evangelische Kirchengemeinde, die es für Gemeindezwecke nutzte. Die Familie des Pfarrers, die wohl eine Wohnung im Hause behielt, vermietete bis 1899 immer einige Zimmer an Kurgäste.

Heute bietet die *Landlust*, mit Eternitplatten in verschiedenen Farbtönen verkleidet, einen nicht gerade einladenden Anblick. Vielleicht könnte nun, da das Haus unter Denkmalschutz steht, dies ein Impuls für eine sorgfältige Renovierung sein. Der schöne Zaun mit den Anthemien-Verzierungen und lanzenförmigen Spitzen blieb wohl noch original erhalten.

Zum Quellenpark

Die Straße, die heute den Namen Zum Quellenpark trägt, war bis 1977 die Sodener *Hauptstraße*. Sie umschließt im Halbkreis den alten Ortskern und hieß in einigen Abschnitten ihres Verlaufs auch zeitweise Ober- und Hintergasse.

Zum Quellenpark 2

Schweizer Milchkur-Anstalt

1851 kaufte Georg Christmann dieses Haus, von dem wir nicht wissen, wann und von wem es gebaut wurde. Juda Schott erwarb es 1858, seine Frau Hannchen geb. Moses nutzte es zur Zimmervermietung an Kurgäste. Die Erben verkauften das Haus an den Nachbarn Adam Uhrich, der es als Wohnhaus für seine Familie und das Hotelpersonal verwendete. Hier befand sich auch die Milchkuranstalt des Schweizers Hersche aus Appenzell. Sodener Bürger, die den Betrieb als Kind noch erlebten, schildern die Kuranstalt als recht einfachen, kahlen, küchenähnlichen Raum mit Steinboden, in dem Milchprodukte und mit Heilquellenwasser gemischte Milch verkauft wurden, die die Kurgäste dann im Garten neben dem Haus zu sich nahmen; selbstverständlich kauften auch Einheimische hier Milch und Käse. Wie wir aus zeitgenössischen Berichten eines Sodener Arztes wissen, verkaufte Herr Hersche seine Produkte zunächst ambulant morgens ab 6 Uhr vor der Brunnenstunde an der Trinkhalle im Quellenpark, bis er das feste Domizil von seinem Schwiegervater, dem benachbarten Hotelier Uhrich, erhielt. Einige Jahre lang scheint die Milchkuranstalt unrentabel geworden zu sein oder ihren Betrieb unterbrochen zu haben, denn die Sodener Ärzte empfahlen ihre Patienten zur Milchkur an den Oekonomen Brückmann im Leopoldshof in der Königsteiner Straße.

1899 werden Carl Uhrich und Carl Rohsel als Besitzer des Hauses Hauptstraße 2 (heute Zum Quellenpark) genannt Der seitlich zurückversetzte Anbau, der völlig von der Bauart der benachbarten Häuser abweicht, dürfte um die Jahrhundertwende angefügt worden sein. Im Jugendstil gehalten, mit gewelltem Giebel und Fensterreihen in der verzierten Bogenfassade, diente der Anbau jahrelang dem Fotografen Schilling als Atelier und wurde nun, zusammen mit dem originalen Jugendstilzaun, wegen seiner künstlerischen Bedeutung und seiner Einmaligkeit im Kreisgebiet unter Denkmalschutz gestellt.

Zum Quellenpark 3

Dort, wo sich heute der Parkplatz der Stadtverwaltung befindet, stand bis 1973 die *Villa Dietrich*, ein zweigeschossiges Haus mit Satteldach und fast quadratischem Grundriß im ortsüblichen Landhausstil, das 1863 für Georg Dietrich und Elisabeth geb. Himmelreich erbaut wurde. Die Villa Dietrich, die lange im Familienbesitz blieb, beherbergte jeweils bis zu 15 Kurgäste, noch 1925 findet man das Haus in den Fremdenlisten. Ein altes Foto läßt an der Hausecke undeutlich ein Schild erkennen, das auf den *Vorschußverein* (Vorgängerin der Volksbank) hinweist, der hier Kassenräume hatte. Sein Leiter war der damalige Besitzer des Hauses, der Vorschuß-Dietrich genannt wurde. Das Bild fand sich bei alten Unterlagen im Nachlaß des Hauses Lamousé, Alleestraße.

Zum Quellenpark 4

Adam Weigand und Ehefrau Katharina geb. Dinges erbten, laut Stockbuch, 1851 dieses Haus, dessen Baujahr vor 1840 liegen muß, denn schon 1836 gründete Adam Weigand hier eine Landschaftsgärtnerei, und eine Fremdenliste von 1838 sagt aus, daß Familie Weigand ihr Haus schon intensiv als Kurpension nutzte. In den 1860er Jahren wurde das Haus aufgestockt und mit einem Anbau versehen. Ein Plan von 1885 zeigt mehrere Treibhäuser auf diesem Grundstück. Es wurden etwa 6 Zimmer vermietet, *geräumige und gesunde Zimmer*, wie ein Inserat verspricht. Da sich das Haus offenbar großer Beliebtheit erfreute, übernachtete die Familie oft bei Verwandten in Kronberg, um auch die privaten Schlafräume vermieten zu können. Mit dem Ersten Weltkrieg endete der Kurbetrieb in diesem Haus, es erscheint nicht mehr in den Fremdenlisten. Es befindet sich noch in Familienbesitz.

Zum Quellenpark 5

Dieses Haus war als Konditorei und Café Hahner ein weithin bekanntes und beliebtes Geschäft, von dem auch Mendelssohn Bartholdy in einem Brief berichtete. (Man hatte ihm mit Nadel und Faden aus einer Verlegenheit geholfen.) Die selbst hergestellten *Chocoladen und Confiserien* gingen in alle Welt. Das Baujahr des Hauses könnte 1828 sein. Für dieses Jahr vermerkt das Stockbuch den Kauf des zweigeschossigen Hauses durch den Schneider Lorenz Hahner und seiner Frau Dorothea geb. Engel. Bald wurden Kurgäste im Hause aufgenommen. Die Fremdenliste von 1836 meldet eine Familie Hart aus Manchester als Gäste Hahners, laut Liste von 1838 wohnen einige Frankfurter Familien und wieder ein Gast aus Manchester hier. Ehe der Konditormeister Friedrich Hahner 1880 den Besitz übernahm, war tüchtig gebaut worden. Man hatte das Haus aufgestockt, mit seitlichen Balkonen versehen, um einen Ladenanbau und ein Hinterhaus erweitert. 1882 wurde noch zusätzlich ein Backhaus errichtet.

Man kümmerte sich intensiv um seine Logiergäste, die in die schönen, hohen, komfortablen Zimmer aufgenommen wurden. Ein

Blick in die Fremdenliste vom Mai 1884 ist recht interessant. Da wohnen in der Villa Hahner u.a. Seine Excellenz Herr von Hahn, Kaiserlich Russischer Wirklicher Staatsrath mit Frau Gemahlin aus Wilna. Ferner Ihre Excellenz Frau von Resboy, Kaiserlich Russische Generalsgattin und Bedienung aus Petersburg oder auch Frau Bessert-Nettelbeck, Regierungs- und Baurathsgattin mit Fräulein Tochter aus Köln.

Ehemalige Konditorei Hahner

Um die Jahrhundertwende betrieb Nicolaus Dankowski die Konditorei Hahner. Das Haus war inzwischen zu einem Teil des Hotels Colloseus (Königsteiner Straße) geworden und im Besitz des Pastillenfabrikanten Friedrich Christian. Das denkmalgeschützte Haus ist ganz im Stil der frühen Kurvillen gehalten - mit der Variante der seitlichen Balkone - und wäre sicher nach einer Renovierung und der Anbringung von Lamellenläden ein großer

Gewinn innerhalb der Gesamtanlage dieses Bereiches der Straße Zum Quellenpark.

Zum Quellenpark 6

Ehemaliges Haus Dr. Isserlin

Dieses sorgfältig renovierte Haus wurde 1857 von Johann Müller II, Polizeidiener von Soden, gebaut. Ein kleineres Haus, das er 1853 von Jacob Sator gekauft hatte - es stand ein paar Schritte vor dem jetzigen - mußte dafür abgerissen werden. Heinrich Roßbach und seine Frau Katharina geb. Schmunk, eine der vier Töchter eines wohlhabenden Sodener Bauern, kauften das Haus 1871. Von Anfang an als Kurvilla genutzt, war es besonders unter Familie Roßbachs

Leitung immer sehr gut frequentiert. Herr Roßbach führte dort auch ein kleines Geschäft mit *Schirm- und Stocklager*. Zwischen 1906 und 1908 ging das Haus durch Kauf an Dr. Max Isserlin über. 1874 in Königsberg geboren, hatte sich Dr. Isserlin 1900 in Soden niedergelassen, wo er bald ein beliebter Arzt wurde, der viele Jahre lang Vorsitzender des Badeärztlichen Vereins war, dazu Mitbegründer des Burgberg-Inhalatoriums und Vorsteher der Jüdischen Cultusgemeinde Sodens. Er benutzte das Haus wohl nur noch als Wohnhaus und Praxis, in der Fremdenliste erscheint es nach 1910 nicht mehr. Das hübsche Haus steht unter Denkmalschutz. Der Balkonvorbau in der Mitte der Fassade ist erfreulicherweise noch original erhalten. Auf Steinpfeilern ruhende grazile Stützen tragen die Balkone, deren verspielte Geländer - im obersten Geschoß mit Vasen versehen - mit dem Gittermuster in den Friesen und dem Rankenwerk der Spandrillen dem Haus einen Ausdruck südlicher Leichtigkeit verleihen. Lamellenläden und Sprossenfenster komplettieren das harmonische Bild dieser für Soden typischen Kurvilla aus der Mitte des 19. Jahrhunderts.

Zum Quellenpark 8

Das Haus Reiss! Der wohlhabende Frankfurter Kaufmann Enoch Reiss, dessen Familiennamen es trägt, wurde 1802 als Sohn von Bertha und Israel Elias Reiss in Frankfurt geboren. Er erlernte in seiner Vaterstadt den Kaufmannsberuf und lebte als Mitinhaber mehrerer gut florierender Firmen mit eigenen Handelshäusern in Manchester und Kanton, in angenehmen finanziellen Verhältnissen. Ein schweres Asthmaleiden zwang ihn während der heißen Sommermonate die Stadt zu meiden, die Sodener Luft jedoch verschaffte seinem Leiden Linderung. Ab 1835 kaufte er hier Grundstücke auf, u.a. das Areal auf der rechten Seite der Straße Zum Quellenpark/Am Kleinen Hetzel (früher Hauptstraße/Lindenweg), auf dem sich - Lindenweg 1 - ein einfaches Haus befand, das er mit seiner Familie während des Sommers bezog, bis etwa 1839 das heutige Haus Reiss bezugsfertig war. Wirtschaftsgebäude, Stall und Gewächshaus sowie der hübsche Bibliotheksbau, der mit einem

Verbindungsgang in der Höhe des ersten Stockwerkes mit dem Wohnhaus verbunden war, kamen im Laufe der Jahre hinzu. Die Bibliothek enthielt eine Reihe bibliophiler Editionen und wertvolle Erstausgaben, die später der Frankfurter Universitätsbibliothek zugeeignet wurden.

Haus Reiss

Für Soden erwies sich Enoch Reiss als großer Gewinn. Ganz in der Tradition des großbürgerlichen Mäzenatentums unterstützte er vielfältige gemeinnützige Projekte mit großzügigen Spenden, u.a. das Armenbad Bethesda und, nach seinem Übertritt zum evangelischen Glauben, die evangelische Kirche in Soden. (Siehe Materialien zur Bad Sodener Geschichte, Heft 2). Herzogin Pauline von Nassau nahm sein Angebot gerne an und bewohnte einige Frühsommerwochen lang sein Haus. Da ihr die Kur in Soden außerordentlich gut bekommen war und sie den Ort liebgewonnen hatte, beschloß sie, sich hier einen eigenen ländlichen Sommersitz bauen zu lassen. 1847 konnte sie ihn beziehen: das *Paulinenschlößchen* am Kurpark. Als 1843 die Großherzogin von Baden einen Kuraufenthalt in Soden plante, stellte Familie Reiss auch ihr und ihrem Gefolge das Haus zur Verfügung und zog währenddessen in das kleine Haus im Lindenweg (Am Kleinen Hetzel).

1865, nach Enoch Reiss' Tod, übernahm sein jüngster Sohn Paul Emil, der in diesem Haus geboren wurde, das Anwesen. Auch er und seine Familie lebten im Sommer in Soden, auch er übernahm wie sein Vater viele Aufgaben innerhalb sozialer Vorhaben und unterstützte sie mit namhaften Geldbeträgen. Das Haus ging nach Paul Reiss' Ableben an seinen Sohn Adolf über, der als Jurist z.T. auch hauptamtlich in der Sozialarbeit tätig war (u.a. Centrale für Private Fürsorge, Frankfurt, Jugendfürsorge, Förderung behinderter Jugendlicher) und sich unermüdlich als maßgebendes Mitglied im Vorstand der freien Wohlfahrtsverbände engagierte. Auch die Arbeit an sozialen Aufgaben Sodens förderte er mit großer Selbstverständlichkeit in der Nachfolge seines Vaters und Großvaters.

Durch eine Luftmine wurden 1941 Wohnhaus und Bibliothek beschädigt. Wenigstens das Wohnhaus, in dem Adolf Reiss und seine Schwester lebten, konnte bald wieder bewohnbar gemacht werden. Die Instandsetzung des Bibliotheksbaus erfolgte etwas später. Nach dem Tode von Adolf Reiss, der unverheiratet war, erbte die Stadt 1962 das gesamte Anwesen. Sie ließ das Bibliotheksgebäude abreißen und legte an seiner Stelle einen Parkplatz an. Übriggeblieben ist das Wohnhaus mit dem schönen originalen Balkon. Die gußeisernen Brüstungsgitter mit den ornamentalen Verzierungen an den Fenstern des oberen Stockwerkes wurden im Zuge der Hausrenovierung zum Teil ersetzt, eine aufwendige Arbeit, die sich gelohnt hat. Geblieben ist auch ein Teil des Gartens am Hang, geblieben auch eine Anzahl der hohen alten Bäume. Das Haus diente, wie es Adolf Reiss bestimmt hatte, bis zu seiner Veräußerung 1999 mannigfachen gemeinnützigen Zwecken sozialer und kultureller Art.

Als "künstlerisch wertvoll" eingestuft und samt dem kleinen Haus (Am Kleinen Hetzel 1) und einer Scheune, *dem Obst-, Nutz- und Villengarten als kulturgeschichtliche Einheit, deren Wesen zwischen Adelsresidenz und Bauernhof, Park und Kleingarten zu suchen ist, privatjüdischen Charakter hat und insgesamt ein seltenes geschichtliches Dokument darstellt*, wie es in der Begründung heißt, wurde es in die Denkmaltopographie aufgenommen.

Zum Quellenpark 9

Hier befand sich die *Muckerhöhle*, wie das Gasthaus *Hessischer Hof* allgemein genannt wurde. 1845 kaufte Volpert Christmann das Haus, dessen Baujahr nicht bekannt ist und richtete dort eine Bäckerei ein. 1865 ging es durch Kauf an Seligmann Rosenthal, der es ein Jahr später an Karl Klauer weiterverkaufte. Karl Klauer hatte gerade sein Haus Wiesenweg 4 an Peter Weiland verkauft. 1875 erfolgte ein Umbau, 1876 ging es an Heinrich Lang II, dessen Witwe es kurz darauf an Georg Eckhardt veräußerte. Familie Eckhardt führte dort dann den Hessischen Hof, eine Gastwirtschaft. Es wurden immer einige Zimmer vermietet, meist an *Oeconomen* aus der Wetterau. Das Haus ist noch in Familienbesitz.

Zum Quellenpark 14

1835 erbten Kaspar Christian und seine Frau Elisabeth geb. Hahner dieses Haus. Zentral und in der Nähe der Trinkhalle gelegen, war es ein beliebter Aufenthaltsort für Kurgäste. An Heinrich Guckes und Helene geb. Christmann gelangte es 1882. *Große luftige Zimmer in staubfreier Lage und in nächster Nähe der Kur- und Quellenparks. Berggarten*, inserierte Heinrich Guckes Wwe. im Jahre 1911. Durch Onkel und Tante, zwei unverheiratete Geschwister, die während der Sommersaison sämtliche Zimmer im Parterre (das erste Stockwerk war fest vermietet) an Kurgäste abgegeben hatten und sich während dieser Zeit in die schlecht ausgebauten Mansarden zurückzogen, gelangte das Haus an Wilhelm Guckes. Es ist also heute noch in Familienbesitz. Außer dem Entfernen der Klappläden und dem Einbau moderner Fenster blieb das Haus bei der Renovierung in seiner Substanz unverändert. Es handelt sich um einen Fachwerkbau mit gekerbten Balken, der von Anfang an für Verputz vorgesehen war.

Zum Quellenpark 13, 15, 17, 19

Die Besitzer der Häuser: Nr. 13 Georg Weisborn, Nr. 15 Wilhelm Sauer, Nr. 17 Jacob Prastorius, Nr. 19 August Schwarz.

Sie nahmen während der Hauptsaison immer Kurgäste in ihre Privathäuser auf. Durch ihre einfache Ausstattung boten sie sicher preiswertes Unterkommen im Herzen des Ortes unweit der Quellen. Die Häuser Nr. 17 und 19 bestehen nicht mehr, dort befindet sich heute ein plumper Betonbau mit Wohnungen und einem Supermarkt.

Zum Quellenpark 20

Das Haus, das heute von der Straße aus kaum zu sehen ist, da es hinter der Fluchtlinie und von einem modernen Ladenbau verdeckt liegt, gehörte 1816 Christoph Goebel und wurde 1840 Eigentum Carl Christians und Elisabeth geb. Schauer. 1856/57 veräußerten sie das zweigeschossige Haus an den Lackierer Wilhelm Winkler und Friederike geb. Preußer. Es bot etwa 10 Kurgästen angenehme Unterkunft. Zwischen Straße und Haus hatte man einen Garten mit hölzernen Lauben angelegt, der sich hinter dem Haus den Abhang hinauf fortsetzte. Das Haus hatte zeitweise den Namen *Haus Weimar*. Eine Goethe- und Schillerbüste standen links und rechts an der Haustür. *Zimmer zum Preise von 6 bis 8 Mark pro Woche zu vermieten. Gute Betten und gute Bedienung zugesichert*, inserierte Familie Winkler im Jahre 1899. Im selben Jahr kostete im Hotel Colloseus ein Zimmer pro Tag 2 bis 6 Mark. Soden offerierte also ein breites Angebot für Kurgäste mit unterschiedlichen finanziellen Möglichkeiten. 1901 erbte Marie Karoline Jung das Haus, das 1989/90 eine umfangreiche Renovierung erfuhr.

Zum Quellenpark 21

1904 wurde das große dreistöckige Haus von Joseph Kast aus Pforzheim gebaut. Es trägt den Namen einer Tochter der Familie Kast, Stefanie, und sollte ihr als Kurpension und Geschäftshaus eine finanzielle Lebensgrundlage schaffen. Sie heiratete Fritz Schwarz, der 1914 als Besitzer der *Villa Stefanie* genannt wird. Mehr als 20 Gäste fanden Unterkunft in dem geräumigen Haus, das ganzjährig als Pension geführt wurde. Frau Schwarz soll eine vorzügliche Köchin gewesen sein, die immer zwei *Lehrfräulein* in die Kunst der feinen Küche einführte und ihre Gäste gut betreute. Im Jahre 1913 betrug der Vollpensionspreis 4 Mark.

In dem zum Hause gehörenden großen Garten, der als gepflegt und schattig gepriesen wird, hatte man eine offene Liegehalle errichtet, die gern von den Kurgästen benutzt wurde. Als zusätzliche Annehmlichkeit war auf dem Dach an der Südseite des Hauses ein sog. Luftbad mit Wasseranschluß zum Duschen eingerichtet worden. Diese Dachterrasse wurde nach 1945 zu weiteren Zimmern ausgebaut. Zum großen Bedauern langjähriger Stammgäste wurde der Kurbetrieb wenige Jahre nach dem Krieg eingestellt.

Zum Quellenpark 22

Carl Hennig und Elisabeth geb. Diehl erbten das Haus 1836, das Baujahr war nicht zu ermitteln. Von 1838 bis mindestens 1842 wohnte dort auch der Schultheiß Langhans, bei ihm fanden Kurgäste Unterkunft. Im Juni 1838 sind es drei Frankfurter Familien. 1893 ist die nächste Jahreszahl, die sich fand. In diesem Jahr gelangte das Haus an Georg Philipp Müller I, der eine Schlosserwerkstatt dort einrichtete. Auch seine Familie vermietete regelmäßig an Kurgäste, bis das Haus 1913 zum reinen Wohnhaus umgebaut wurde.

Zum Quellenpark 24

Neben der evangelischen Kirche, am Platz mit der baumbestandenen Brunnenanlage und nahe dem Quellenpark gelegen, bot sich dieses Haus gut als Privatlogis an. 1817 hatte es

Heinrich Schmunk geerbt, 1856 ging es an seine Tochter Agnese und deren Ehemann Wilhelm Elsenheimer über. Die Wohnlage nahe der Kirche erklärt einleuchtend, daß beide Familien auch als Glöckner fungierten. Das ursprünglich recht kleine Bauernhaus wurde 1867 und 1873 aufgestockt und vergrößert, was seinen Eigentümern dann die Möglichkeit gab, mehr Zimmer für Kurgäste anzubieten. Das Haus kam 1873 an Friedrich Elsenheimer, in dessen Besitz es, laut einer Vermieterliste, noch 1892 war. Bis 1911 erscheint es unter dem Namen der Wwe. F. Elsenheimer weiterhin in den Fremdenlisten. Dann ging es an den Schwiegersohn Heinrich Roßbach. Das heutige Haus aus den frühen 1990er Jahren ist ein Neubau, der im Stil des Vorgängerbaues errichtet wurde.

Zum Quellenpark 28/30
Für das Doppelhaus Nr. 28/30 sind im Stockbuch 1849-51 Carl Jung I und Marie geb. Posauner als Besitzer eingetragen.

Zum Quellenpark 28

Wie man an der rechten Hälfte noch gut erkennen kann, handelt es sich hier um ein Haus, das im Stil der Sodener Kurvillen aus der Mitte des 19. Jahrhunderts erbaut worden war. Die rhythmische Anordnung der Sprossenfenster und das Zwerchhaus betonen hier stark die Mitte der Fassade. Als Kuriosum findet man je eine Tafel an beiden Häusern mit der Behauptung, Richard Wagner habe hier am 12. August 1860 übernachtet. In diesem Haus also, in dem seine Frau Minna als Kurgast mit ihrer Freundin Mathilde Schiffner wohnte. Der langjährige Meinungsstreit, in welchem der beiden Häuser Wagner übernachtete, wurde gegenstandslos, als sich in alten Stockbüchern der Eintrag fand, beide Häuser seien bei Wagners Aufenthalt als *ein* Haus genutzt worden.
Aus den Ortsplänen von 1868 und 1873 ist ersichtlich, daß das Haus damals noch keinen Namen hatte. Erst als die Söhne Carl Jungs, Georg und Julius, den Besitz teilten, nannte Georg die linke Hälfte des Doppelhauses *Saxonia*, während Julius auf einen Hausnamen verzichtete, obwohl auch er sie als Kurpension nutzte. 1879 bekam

jede Haushälfte einen separaten Eingang von der Straße her, sowie Läden mit Schaufenstern. Auf der rechten Seite wurden sie später wieder zugebaut.

Ehemaliges Haus Jung

Bis zum Ersten Weltkrieg wurden in beiden Häusern Zimmer an Kurgäste vermietet. Heute ist kaum noch zu erkennen, daß die beiden Doppelhaushälften einst in gleichem Stil gebaut wurden. Während die rechte Hälfte noch weitgehend ihr originales Aussehen bewahrt hat, wurde die linke Hälfte 1969 in ein modernes Wohn- und Geschäftshaus umgewandelt. Das Haus Nr. 28 steht unter Denkmalschutz und dient nach einer grundlegenden Renovierung im Jahr 2000 als Pfarrhaus der evangelischen Kirchengemeinde.

Zum Quellenpark 29

Im Juli 1854 schrieb Schlossermeister Peter Jung in der Anmahnung der Genehmigung seines Bauantrages an das Herzogliche Kreisamt in Höchst, seiner Ansicht nach sei *in dem alten Soden keine schönere Wohnung als diese zu finden.* Offenbar gelang es ihm, die Beamten zu überzeugen; das Haus konnte gebaut werden - es ist der heutige *Quellenhof.* Schon 1855 kauften ihm Dr. Rudolf Kolb und Johanna geb. Heiligers sein neues repräsentatives Haus dicht bei der Quelle V samt Nebengebäuden und Werkstatt ab. Die zum Haus gehörende eigene Salzquelle wurde intensiv zum Kurgebrauch genutzt. 1865 erwarben Dr. med. Friedrich Pagen- stecher und Antonetta geb. Feddersen das Anwesen, die das Haus als Kurhaus betrieben. Im Jahre 1879 ging es an Friedrich Christian und Bertha geb. Ruppertz, die es zu einem Hotel ausbauten und mit der Güte ihres Restaurants warben. Nach dem Ankauf von benachbarten Grundstücken und Häusern begann Friedrich Christian 1888 mit dem Bau einer *Pastillenfabrik* und der Vergrößerung des Hotels. Selbstverständlich fanden bei der Herstellung Wirkstoffe der Sodener Quellen Verwendung. 1905 erschien zum ersten Mal die Bezeichnung *Badehotel Quellenhof,* nachdem das Haus immer unter dem Namen des jeweiligen Besitzers genannt worden war. Von 1905 bis 1912 führte Edmund Frings Hotel und Restaurant, bevor er das Hotel *Schöne Aussicht,* das spätere Parkhotel, übernahm.

Hotel Quellenhof - Bauzeichnung

Als langjähriger Küchenchef legte Herr Frings besonderen Wert auf ein gut geführtes Restaurant. *Diners 1.20 M, 2.- M und höher, Pension incl. Zimmer von 5.- M an, Süßwasserbäder -.75 M, Solbäder 1.- M* werden 1905 in einer Annonce angeboten. Noch im Besitz der Sodener Pastillenfabrik Friedrich Christian GmbH, wurde das Hotel 1926 erweitert. Am 1. Mai 1927 richtete dann die evangelische Kirchengemeinde im Quellenhof ein *Christliches Hospiz* ein. 1932 beantragte der Pächter Carl Echinger die Rückverlegung von Treppe und Haupteingang in die Mitte der Giebelfront von der Straße her *wie früher*. 1933 wurde das Haus von den Nationalsozialisten als Sitz der Kreisleitung übernommen.

Das spätklassizistische Haus, an dessen oberen Geschossen wohl noch die originalen Brüstungsgitter zu sehen sind, steht auf der Liste der denkmalgeschützten Gebäude und ist das einzige Sodener Hotel aus der Mitte des vorigen Jahrhunderts, das seine Aufgabe - wohl mit Unterbrechungen - 140 Jahre erfüllte. Zu den Unterbrechungen zählen auch die Anfänge der Much AG, die hier ihre Produktion aufnahm, bevor sie in die Sulzbacher Straße zog. Nach sorgfältiger Renovierung wird das Haus heute als Geschäftshaus genutzt.

Zum Quellenpark 31

Hinter der alten Trinkhalle stand seit 1770 der *Nassauer Hof*. Er bot seinen Kurgästen mit 24 Zimmern und 7 Badecabinetten Gelegenheit, die Kur direkt neben den Quellen durchzuführen. 1820 kostete dort ein Zimmer ohne Bett - dies wurde üblicherweise mitgebracht - pro Woche 2 bis 4 Gulden, 1 Mittagsmahl mit sechs Schüsseln 1 Gulden, 1 Bad 30 Kreuzer. Bekannte Familien aus Frankfurt nahmen hier Quartier. Die Passavants, de Neufvilles, Nebbiens, Freifrau und Freiherr von der Trenck wohnten hier viele Somnerwochen lang mit all ihrer Bedienung.

Nur wenige Einzelheiten sind über diesen Gasthof bekannt. In der Oppermannschen Chronik erscheinen als Besitzer: Karl Mauch, Herr Weihrauch, Herr Poths, Reinhard Jung und Herr Schuster aus Frankfurt. Er soll es 1851 für 8400 Gulden an die Gemeinde verkauft haben, das Stockbuch weist ein Verkaufsdatum im Jahre 1872 aus. Das Gebäude wurde dann als Rathaus, Pfarrer- und Lehrerwohnung genutzt, ab 1890 befand sich auch das Bürgermeisterbüro in diesem Haus. Im Jahre 1900 wurde der *Nassauer Hof* abgerissen und das Gelände dem Quellenpark angefügt.

Zum Quellenpark 32

1844 erbte Adam Dietrich ein einstöckiges Haus, das er 1854 in ein dreistöckiges Haus umbauen ließ. Es wurden immer einige Zimmer an Kurgäste vermietet. Wegen der günstigen Lage am Quellenpark rechnete man sich auch gute Chancen für ein Geschäft aus und richtete ein Ladenlokal ein. 1895 erwarben Christian Sachs und Katharina geb. Ehrle das Haus, die es jedoch schon drei Jahre später an Carl Jacob Schmunk verkauften. Ab 1897 fanden sich in den Fremdenlisten keine Gästenamen mehr.

Zum Quellenpark 33

Für dieses 1982 wieder aufgebaute Haus mit vorgeblendetem Fachwerk, das jetzt als Gaststätte dient, werden 1816 im Brandkataster Nicolaus Reul, 1828 im Stockbuch Vincenz Reul und Elisabetha geb. Keller als Besitzer genannt. Haus und Bewohner rückten ins Licht der Öffentlichkeit, als im Juni 1844 Jacob, der 21jährige Sohn der Eheleute Reul, Catharina Justine Weyershäuser, die als Magd im *Holländischen Hof* arbeitete, ermordete, sie mit Wissen und Hilfe von Vater und Bruder in einem Holzstall vergrub. Dabei wurde er beobachtet. Die im Hessischen Hauptstaatsarchiv in Wiesbaden lagernde umfangreiche Prozeßakte ist auch als Lehrstück bürgerlicher Doppelmoral sehr interessant zu lesen. Jacob Reul kehrte nach 20jähriger Haft nach Soden zurück. (Materialien zur Bad Sodener Geschichte, Nr. 17).

Das Haus erbte Vincenz Reuls Schwiegersohn Lorenz Preis 1857 und verkaufte es zwei Jahre später an den Gastwirt Ludwig Adam Weigand und Barbara geb. Heckel, vielleicht um mit dem Erlös seine Kurvilla *Hohenzollern* an der Ecke Wiesenweg/Brunnenstraße finanzieren zu können. Ludwig Adam Weigand betrieb in diesem Haus die Gastwirtschaft *Zum Rathskeller* bis er 1872/73 das spätere Hotel Weigand am Bahnhof erwarb. In rascher Folge wechselte das Haus nun seine Besitzer: von L. A. Weigand erwarben es Peter Brumm und Marie geb. Diehl, 1876 ging es an Philipp Kopp, 1879 gehörte es dem Küfer Friedrich August Diehl, Konigsteiner Straße 57, 1880 Wilhelm Praetorius, 1886 schließlich ging es an den

Metzger August Kern und Marie geb. Schiela. August Kern ließ eine große Wurstküche errichten und im Wirtshausgarten eine offene Bierhalle, dabei kam er bei den Behörden immer wieder um eine Schankerlaubnis ein. Als nächsten Eigentümer finden wir den Gastwirt Philipp Ziegler, der in Höchst neben einem Baustoffhandel auch ein Apfelwein - Versandgeschäft betrieb. Er kaufte den *Rathskeller* im Jahre 1900.

Gasthaus zur guten Quelle

Als Pächter wird zunächst Wilhelm Steinmetz genannt, der dann ab 1905 Eigentümer des Hauses war. Einst hatte sich der *Rathskeller* nach dem im benachbarten *Nassauer Hof* untergebrachten Rathaus genannt. Nach Verlegung der Diensträume des Rathauses nannte Wilhelm Steinmetz sein Gasthaus *Zur guten Quelle,* was sich durch seine Lage in unmittelbarer Nähe des Winkler-, Glocken- und Champagnerbrunnens anbot. Im Haus wurden nun auch Fremdenzimmer für Kurgäste angeboten. Das Gebäude dient noch heute der Gastronomie.

Zum Quellenpark 35

Auf einem Ortsplan von 1868 ist dieses Haus bereits verzeichnet und nach der niedrigen Häusernummer zu urteilen, haben wir hier eines der ältesten zur Kurvermietung genutzten Privathäuser vor uns. Es ist ganz im Stil der alten Kurvillen gehalten mit Fassadengiebel und hohen Sprossenfenstern, deren Lamellenfensterläden erneuert wurden. Seinen Namen *Petersburg* erhielt es von dem langjährigen Besitzer Peter Junior. Der Kurarzt Dr. Eduard Bröcking, der später das Nachbarhaus *Landlust* kaufte, hielt hier seine Sprechstunde ab. In den Fremdenlisten, die ab 1890 vorhanden sind, erscheint das Haus nicht mehr als Pension. 1897 war es an Heinrich Eiertänzer gegangen, der es schon ein Jahr später an Anton Best verkaufte.

Zum Quellenpark 36

Volpert Müller ist der erste Besitzername, den wir für dieses Haus fanden. Schon im Juni 1838 vermietete er Zimmer an drei Kurgastfamilien. Friedrich Müller I erbte 1847 das Haus, einen Bauernhof, der 1875 in den Besitz seines Enkels Friedrich Müller V gelangte. Mit dem Insitzrecht für die Großeltern, die Mutter und zwei ledige Brüder belastet, blieb wenig Raum für die Vermietung an Kurgäste. Ein Zimmer jedoch wurde immer abgegeben, und zwar an Musiker der Kurkapelle.

Das heutige Erscheinungsbild entstand etwa 1914 mit der Aufstockung durch einen *französischen Dachstuhl* (Mansarddach). Man erzählte uns, daß Dr. Otto Thilenius seine Vormittags-sprechstunden in diesem Haus abhielt. Vom Solbrunnen IV, der heute von der junonischen Figur der Sodenia bewacht wird, konnte man durch ein angeblich eigens zum bequemeren Zugang zur Praxis angebrachtes kleines Pförtchen in der Umzäunung des Kurparkes ohne Umweg Haus und Ordinationsräume erreichen. Nach Angaben in Karl Presbers *Sodener Fremdenführer* aus dem Jahre 1873 hielt Dr. Thilenius seine Sprechstunden im Haus mit der heutigen Nummer 32 ab. Vielleicht hatte sich das im Laufe der Jahre geändert.

Zum Quellenpark 37

Dem Stockbuch ist zu entnehmen, daß sich Katharina und Ottilie Preußer dieses zweigeschossige Haus 1852 erbauen ließen. Ab 1861 ist dann Ottilie als alleinige Besitzerin eingetragen. Von Anfang an wurde es als Kurpension genutzt, wahrscheinlich schon unter dem Namen *Oranienstein*. Auf einem Ortsplan von 1868 ist es unter dieser Bezeichnung vermerkt. 1880 waren der Sodener Pfarrer Wilhelm Jung und seine Frau Marie geb. St. George Eigentümer des Hauses, die auch Zimmer an Kurgäste vermieteten. 1893 erwarben es Albert Reitz und Maria Anna geb. Bachmann. Die wiederholt gestellten Bauanträge zur Errichtung eines Holzverarbeitungs-betriebes scheiterten an Einsprüchen der Nachbarn. Carl Gruber erwarb das Haus 1905 und behob Brandschäden. Schon 1906 ging es durch Kauf an den Vieh- und Getreidehändler Julius Scheuer, dem langjährigen Vorsitzenden der Sodener jüdischen Kultusgemeinde. Pläne, auf dem Areal zwei weitere Wohnhäuser zu errichten, wurden durch Ausbruch des Ersten Weltkrieges nicht weiter verfolgt.

Bis 1914 führte im ersten Stock des Hauses für einige Jahre Frau Postverwalter a.D. Anna Ludwig, die spätere Besitzerin des Kurheims *Mosella* in der Königsteiner Straße, eine Pension. Als frühere Oberschwester beim Roten Kreuz empfahl sie sich zur *Dauer- und Kinderpflege, Abreibungen und Packungen usw., auch außer Hause.* Offenbar betrieb sie nebenbei auch ein kleines Reisebüro.

Zum Quellenpark 38

Johann Nicolaus Müller fand im Dezember des Jahres 1700 eine mit einem Mühlstein abgedeckte Quelle wieder, die seit dem 30jährigen Krieg in Vergessenheit geraten war. Der Frankfurter Arzt Dr. Gladbach machte dann 1701 auf die Heilkräfte ihres Wassers aufmerksam.

1722 beantragte der Salinenverwalter Wartenberg den Bau eines Kur- und Badehauses zur Aufnahme der in immer größerer Anzahl eintreffenden Heilungsuchenden aus Frankfurt. Der Antrag wurde zwar abgelehnt, das Haus aber trotzdem gebaut, mit Berufung auf eine mündliche Zusage des kurmainzischen Rentmeisters. Es entstand ein stattliches zweigeschossiges Haus in harmonischen Proportionen mit einem schönen Mansard-Walmdach und großen Fenstern mit Klappläden, gelegen in einer gepflegten Gartenanlage. Außer den 27 Zimmern enthielt es noch vier Bade-Cabinette, in denen die Quellen I und III (Warm- und Milchbrunnen) genutzt wurden.

Frankfurter Hof

Besitzer waren zunächst die Familien Spina, de Neufville und Malapert, die auch das Salzrecht hatten und die Sodener Saline betrieben. Ende des 18. Jahrhunderts ging das Haus an eine Familie Bender über und wurde *Bendersches Haus* genannt. ein Begriff, der noch heute von alteingesessenen Sodenern benutzt wird. Erst 1813 hieß es *Frankfurter Hof*. In diesem *Frankfurter Hof* war 1815, als sechsjähriger Bub, Heinrich Hoffmann, der spätere *Struwwelpeter-Hoffmann* mit Mutter und Schwester zur Kur. Kränkelnd nach Soden gekommen, genas seine Mutter innerhalb weniger Wochen vollkommen, wie er später berichtete. Als 81jähriger wieder in Soden, erzählt er noch von dem *Leben in stiller Behaglichkeit für wenig Geld* während seiner Kinderferien.

Johann Isaak von Gerning, *Goethes wohlgelittener Freund*, ein wohlhabender Frankfurter Patrizier, dessen Name in vielerlei Zusammenhängen genannt wird, hatte im *Frankfurter Hof* Zimmer fest gemietet, die er hin und wieder Freunden überließ. 1816 waren es Marianne und Jakob von Willemer. Marianne, Goethes Suleika im *Westöstlichen Diwan*, beklagte sich in einem Brief an ihren Weimarer Freund über das schlechte Wetter in Soden, wo die Kur *nicht wohlthätig* für sie sei. Ihr Mann gar nennt als Absendeort *Soden und Gomorrha*, was ganz sicher nicht mit unmoralischen Zuständen in dem kleinen Badeort in Verbindung gebracht werden kann - das anhaltende Regenwetter muß ihn entnervt auf dieses Wortspiel gebracht haben.

1820 erbte Johanna Bender das Anwesen. Aus Briefen und Berichten geht hervor, daß zu jener Zeit vor allem großbürgerliche Familien aus Frankfurt für die ganze Sommersaison Zimmer im Frankfurter Hof - daher wohl auch der Name - mieteten, wobei es durchaus üblich war, eigene Möbel und Betten nach Soden transportieren zu lassen.

1829 beherbergte der *Frankfurter Hof* wieder einen prominenten Gast: Ludwig Börne, den ein chronisches *Brustleiden* zwang, Jahr für Jahr durch Heilkuren seine Arbeits- und Lebenskraft notdürftig zu erhalten. Seine Freundin Jeanette Wohl brachte ihn, der sehr anspruchsvoll war, in diesem schönen Hause unter. Der Sommer des nächsten Jahres sah Börne wieder in Soden, diesmal schon in der Vorsaison - und er langweilte sich sehr.

Die damalige Eigentümerin des *Frankfurter Hofes*, Johanna Bender, heiratete Peter Jung, nach dessen Tod Nicolaus Schneider, der das Haus 1839 aufstockte, erweiterte und mit dem einfachen Satteldach versah, das es heute noch trägt. 1857 übernahm Georg Jung, der Sohn aus Johannas erster Ehe, das Haus. Er starb 1867 plötzlich an einem Schlaganfall und seine Witwe heiratete Carl Woestendiek. Sie kaufte 1871 das große, langgestreckte Haus Dachbergstraße 3 dazu und errichtete nach Ankauf des benachbarten Christianschen Geländes einen großzügigen Speisesaal zwischen beiden Häusern. Zu dieser Zeit war sie schon mit ihrem dritten Ehemann, Goswin Ernst, verheiratet. Offensichtlich hatte man sich durch diese Hotelerweiterung und Ankäufe finanziell übernommen, zumal die Gästezahlen nach dem Krieg 1870/71 erheblich zurückgegangen waren. Obwohl allein im Jahre 1875 200.000.- Mark Hypotheken aufgenommen wurden, mußte das Anwesen versteigert werden und gelangte zunächst an Alois Müller, 1888 dann an den Frankfurter Kaufmann und Bankier Moritz Adler, der es von Friedrich Bockenheimer verwalten ließ. Als Kaufsumme werden 45.000.- Mark genannt. Im Hessischen Hauptstaatsarchiv in Wiesbaden fanden wir unter dem Datum Dezember 1888 eine Beschwerde des Moritz Adler, Frankfurt a.M. wegen einer Schließungsverfügung der Mineralquelle Nr. XVIIa auf seinem Grundstück. Er führte an, daß die Quelle schon seit über 50 Jahren bestehe und bisher niemals die auf dem Nebengelände liegende *fiscalische Quelle* beeinträchtigt habe, was nun plötzlich befürchtet wurde. Wie der Rechtsanwalt Adlers schrieb, wurde sie auch *für sämtliche Waschräume und Closets, selbst in der heißesten Jahreszeit* benutzt. Es kam eine dicke Akte zusammen, in der sich z.B. Moritz Adler von ehemaligen Fuhrknechten eidesstattlich versichern ließ, daß die Quelle schon vor einer Verordnung über Nutzungsrechte von 1860 im Badhaus *Frankfurter Hof* genutzt worden sei. Zu dieser Zeit wurde das Hotel in ein Mietshaus umgewandelt. Den Speisesaal übernahm 1896 Heinrich Müller II, der Wirt des gegenüberliegenden heutigen *Frankfurter Hofes*, das Haus am Dachberg wurde an Mina Schutt verkauft. Noch im selben Jahr erwarb der seitherige Verwalter, Friedrich Bockenheimer, den ehemaligen *Frankfurter Hof* der bis heute in Familienbesitz blieb und als Mietshaus dient. 1898 wurde das Anwesen mit dem Servitut zugunsten der Gemeinde belastet, *daß jeder Besitzer auf ewige Zeiten sich verpflichten muß, die auf diesem Grundstück befindlichen, jetzt zugeworfenen Mineralquellen niemals wieder aufzugraben.*

In den Jahren 1990-1993 entstand nach den Entwürfen des Wiener Künstlers Friedensreich Hundertwasser auf dem Areal um den alten Frankfurter Hof eine phantasievoll-dekorative Bauanlage. Mit Gauben und Balkonen erweitert ist der alte Frankfurter Hof nun Teil dieses Ensembles.

Zum Quellenpark 45

An der Ecke zur Alleestraße stand, mit der Hausnummer 45, das *Haus Eichkron*. Es wurde 1974/75 abgerissen, als das Grundstück zur Erbauung des Alleehaus-Komplexes mitverwendet wurde, aber es existiert ein sehr hübsches buntes Bild des Hauses, von einem seiner Mieter gemalt. Zwischen 1842 und 1845 von Friedrich Jung als *Haus Wiesengrund* gebaut, war es bis 1885 im Besitz der Familie Jung/Scheffler. Dann wechselte es häufig die Besitzer: 1885 Wilhelm Giershausen, 1888 Heinrich Becker, 1890 Adam Henrich, 1891 Wwe. Lina Flach, 1894 Georg Schupp, bis es 1898 Wilhelm Höveler käuflich erwarb und es *Eichkron* nannte. Familie Höveler unterteilte das Haus in Wohnungen, deren Mieter Zimmer an Kurgäste abgaben. 1919 von Emil Datz erworben, blieb das Haus bis zum Abriß im Besitz dieser Familie.

Wilhelmspark (ehemals Hauptstraße 44)

Auf dem Gelände des kleinen Quellenparks, Wilhelmspark genannt, der 1911 von dem Frankfurter *Gartenbaukünstler* Heinrich Siesmayer angelegt wurde, stand 1910 noch eine Reihe von Gebäuden, von denen drei Häuser auch Kurgästen Unterkunft boten. Über der Quelle II, der er seine wiedergewonnene Gesundheit verdankte, baute sich 1808 der Archivrat Dr. Beyerbach aus Frankfurt eine Sommerresidenz. Für das dörfliche Soden der damaligen Zeit muß es schon ein stattliches Haus gewesen sein. Wie aus der Oppermannschen Chronik hervorgeht, ließ Dr. Beyerbach *drei Badekabinette mit je zwei mit Porzellanplatten ausgemauerten Bädern* darin einrichten. In seinem *Sodens Schriftenschatz* weist Dr. Otto Volger auf einen Kupferstich von 1818 hin: *Im Ort erkennt man nur zwei noch jetzt bestehende Gebäude, die Kirche und das Beyerbachsche Haus.*

Zu dieser Zeit war es bereits im Besitz der Familie Winkler, der die Quelle II ihren Namen, *Winkler-Quelle*, verdankt. Familie Winkler, auch Tochter Susanne und deren Ehemann Albert Hessen, die das Haus 1859 erbten und 1872 an Franz Alexander Weber verkauften, führten das Haus unter dem Namen *Pension Suisse*.

Haus Winkler – Bauzeichnung
heute Wilhelmspark

1874 erwarb der Frankfurter Telegraphenbeamte Dr. Friedrich
Karl Selmar Kahlenberg das Anwesen. Frau Kahlenberg war eine
gebürtige Engländerin, sie nannte das Haus *Brittannia-House*
(originale Schreibweise) und richtete dort ein Mädchenpensionat ein.
Nach einem Dachstuhlbrand beantragte Dr. Kahlenberg: *Neuauffüh-
rung des abgebrannten Dachstuhls, zwei neue russische Kamine
sowie unteres Stockwerk, an welchem die Wände von Holz
ausgeführt waren, so sollen in Backstein hergestellt werden und das
Dach mit Schiefer gedeckt werden.* Bald danach, 1885, wechselte das
Haus in den Besitz von Alois Müller, zwei Jahre später geht es an
Philipp H. Fay aus Frankfurt, der es in ein Mietshaus umwandelt, das

sich bald im Besitz der Witwe des Philipp Schutt befindet. Ab 1909 oder 1910 ist es im Besitz der Gemeinde und wird abgerissen, um dem neuen Park Platz zu schaffen.

Die Winkler-Quelle, die auch im Souterrain des Winkler-Hauses stets öffentlich zugänglich war, erhielt, wie auch die Glockenquelle, eine neue Fassung und lockt noch heute Kurgäste und Passanten, ihr Wasser zu kosten.

Wilhelmspark (ehemals Hauptstraße 46-50)

Links neben dem Winklerhaus stand ein niedriges, schmales, langgestrecktes Bauernhaus mit der Giebelseite zur Hauptstraße (jetzt Zum Quellenpark) in dem sich Wohnhaus, Stall und Scheune unter einem Dach befanden. 1830 erbte es, laut Stockbuch, Nicolaus Best. 1867 ging es in den Besitz des Philipp Engel und seiner Frau Dorothea geb. Best über, die 1877 zum Garten hin eine Scheune errichteten, um den Wohntrakt ihres Hauses erweitern zu können. Schließlich ließ man 1894 eine überdachte Hofeinfahrt im fränkischen Stil aufführen. Das an die Hofeinfahrt anschließende Haus hatte Georg Wagner 1857 anstelle seines 1841 erwobenen einstöckigen Hauses gebaut. Das nunmehr dreistöckige Haus kam durch Tausch 1860 in den Besitz von Johann Dinges I und Sophie geb. Anthes. Frau Dinges betrieb die Kurpension als *Villa Frankfurt*, in der Dr. Otto Thilenius gegen Ende des vorigen Jahrhunderts vormittags auch Sprechstunden abhielt. Das Haus wurde, zusammen mit dem Engelschen Anwesen, von den Farbwerken Hoechst erworben und 1903 in ein Genesungsheim für herz- und rheuma- kranke Firmenangehörige umgewandelt.

Im Garten der beiden Häuser befand sich die Glockenquelle, deren Wasser bei der Produktion der *Schuttschen Pastillen* eine große Rolle spielte. Ursprünglich wurde das Wasser mit Handkarren oder Eseln abtransportiert. Um die Jahrhundertwende florierte offenbar der Absatz der Pastillen so gut, daß das Wasser mit immer größeren Fuhrwerken zur Pastillenfabrik in die Dachbergstraße gebracht wurde. Das führte wegen der engen Durchfahrt des

Erstes Genesungsheim der Farbwerke Hoechst
heute Wilhelmspark

fränkischen Hoftors von Herrn Engel zu großem Ärger zwischen der
Unternehmerin Frau Schutt und den Betreibern des Genesungsheims.
Ein Grundstückstausch setzte den Querelen schließlich ein Ende. Die
Farbwerke Hoechst bauten an der Kronberger Straße ein weit
größeres und schöneres Genesungsheim. *Villa Frankfurt* und das
Engelsche Anwesen mußten dem neuen Park weichen. Ebenfalls
weichen mußte das dreistöckige Haus daneben, das Christof
Schneider laut Stockbuch 1842 kaufte. Im Tausch ging es 1856 an

Heinrich Dinges I und Margarethe geb. Müller. Auch in diesem Haus fanden Kurgäste Unterkunft, einen Hausnamen jedoch erhielt es nie.

Sodens berühmte Gäste - Eine Auswahl -

Dr. med. Heinrich Hoffmann (1809 – 1894)

Mit seiner jungen Stiefmutter und deren Töchterchen war der sechsjährige Heinrich Hoffmann im Sommer 1815 nach Soden gekommen. Man wohnte im *Frankfurter Hof* (heute Zum Quellenpark 38), wo im Hause Bäder mit dem Wasser der nahe gelegenen Quellen verabreicht wurden. Die milde Luft des dörflichen Bades und die beachtlichen Heilerfolge blieben Hoffmann in guter Erinnerung. In den Jahren 1888/90/91/93 und 1894 kam er als alter Herr immer wieder nach Soden, diesmal in die *Villa Nassovia* (heute Königsteiner Straße 89).

Hoffmann, der in Heidelberg und Halle Medizin studierte, beendete, versehen mit einem Stipendium Dr. Bethmanns aus Frankfurt (500 Gulden), in Paris sein Studium. Bei der Rückkehr in seine Heimatstadt Frankfurt übertrug man dem jungen Arzt zunächst die Überwachung des Leichenhauses in Sachsenhausen. Er arbeitete in der Armenklinik und wurde schließlich 1845 Lehrer für Anatomie am Senckenbergischen medizinischen Institut. Als er Leitender Arzt der Frankfurter Irrenanstalt (am heutigen Börsenplatz) wurde, betrieb er umgehend mit großer Energie den Neubau einer modernen, fortschrittlich eingerichteten psychiatrischen Klinik, da die grausamen, menschenunwürdigen Zustände in der alten Anstalt untragbar geworden waren. 1864 begann er mit dem Neubau einer weitläufigen Klinikanlage an der Eschersheimer Landstraße, die zweihundert Patienten Unterkunft und ausreichend Platz für Behandlungsräume bot. Sein besonderes Augenmerk galt *seelisch abnormen* Jugendlichen, die in eigens für ihre Therapien eingerichteten Häusern Aufnahme fanden. Dr. Hoffmann gilt als Mitbegründer der Jugendpsychiatrie.

Berühmt wurde Heinrich Hoffmann als Autor des *Struwwelpeter*. 1844 als Weihnachtsgeschenk für seinen kleinen Sohn Carl geschrieben und illustriert, erschien das Buch drei Jahre später im Buchhandel und wurde ein weltweiter Erfolg mit Übersetzungen in über dreißig Sprachen und Dialekte.

Johann Isaak Freiherr von Gerning (1767 – 1837)

Im *Frankfurter Haus* (später *Frankfurter Hof*), dem 1722 entstandenen ältesten Badhause Sodens, hatten sich begüterte Frankfurter Gäste Zimmer zum Sommeraufenthalt eingerichtet, darunter auch Dr. jur. et phil. Johann Isaak von Gerning. Als Sohn eines wohlhabenden Handelsmannes lebte er in angenehmen Vermögensverhältnissen und konnte sich seinen vielseitigen Interessen widmen. Seine kenntnisreichen Beschreibungen der Taunusquellen werden oft zitiert und es ist bekannt, daß seine Kunstsammlung von der nassauischen Regierung aufgekauft und mit zum Grundstock des Wiesbadener Museums wurde. Gern ließ er sich Goethes und Herders *wohlgelittenen Freund* nennen. Seit 1798 stand er für den Hof von Neapel in diplomatischen Diensten und nahm als Gesandter am Kongreß von Rastatt teil. Verschiedene Stellungen führten ihn u. a. nach Weimar, Frankfurt und Homburg, er war Hessen–Homburgischer und Darmstädter Geheimrat, später zeitweise Bundesgesandter.

In hymnischen Versen pries er, der auch der *gemüthvolle Taunussänger* genannt wurde, die Sodener Heilquellen, in deren unmittelbarer Nähe er seine Sommerwohnung gemietet hatte: *..der heilige Born der Genesung lispelt dem Siechlimg, komm dich zu verjüngen bei mir..* Hin und wieder überließ Gerning seine Zimmer im *Frankfurter Hof* guten Freunden. Im Sommer waren Marianne und Jakob Willemer seine Gäste.

Marianne und Jakob Willemer (1784 – 1860, 176o – 1838)

Der Frankfurter Bankier Jakob Willemer war seiner jungen Frau zuliebe nach Soden gekommen. Sie empfand die Badekur jedoch *nichts weniger als wohlthätig* und klagte in einem Brief an ihren Freund Goethe über das regenreiche Wetter. Ihr Ehemann nannte als Absender gar *Soden und Gomorrha.* Die literarisch hochbegabte Marianne, in inniger Freundschaft mit Goethe verbunden, die in den Rollen der großen Liebenden Hafis und Suleika in Goethes Gedichtzyklus *West-östlicher Divan* höchste Sublimierung erfuhr, dichtete auch in Soden. Sehr amüsant über recht Profanes, wie die Anlage einer Treppe auf den Dachberg.

Als Mitglied der Frankfurter Theaterdirektion hatte der wohlhabende Bankier die Bekanntschaft der begabten sechzehnjährigen Schauspielerin und Tänzerin Marianne Jung gemacht, sie in sein Haus zu seinen verwaisten Kindern aufgenommen und ihr eine vielseitige Ausbildung ermöglicht. Vierzehn Jahre später heiratete er sie. Genau zu dieser Zeit lernten Marianne und Jakob Willemer in Wiesbaden Goethe kennen, der als Gast mit ihnen auf der Gerbermühle den Jahrestag der Völkerschlacht bei Leipzig feierte. Ein Jahr später besuchte er sie noch einmal in Frankfurt. Nach einem kurzen Treffen in Heidelberg sahen sie sich nie wieder. Einige der zauberhaften Gedichte, die Marianne dem Freund nach Weimar sandte, nahm Goethe, ohne ihre Urheberschaft zu nennen, in den *West-östlichen Divan* auf.

Ludwig Börne (1786 – 1837)

Als Ludwig Börne 1829 seine Frankfurter Freundin Jeanette Wohl bat, in Soden ein Logis für einen Kuraufenthalt zu suchen *um seine Schwindsucht zu flicken,* fiel ihre Wahl auf den *Frankfurter Hof (* heute Teil des Hundertwasser – Hauses). *Selbst ein Logis zu besorgen, dazu bin ich zu bequem, zu vornehm,* hatte er sie wissen lassen. *Ich bin begierig auf die Sodener Luft,* schrieb er, und verlangte ungeduldig vorab detaillierte Informationen über das Klima und die Bevölkerung Sodens, wollte wissen, ob man wirklich Betten selbst mitbringen müsse und ob es Juden im Dorf gebe. Kann man tropffreie Kerzen kaufen und welche Zeitungen sind erhältlich? Gibt es Theater oder Casino? Wann kommt die Post? Ihr galt sein größtes Interesse. Sie brachte die Zeitungen, aus ihnen würde er vom sehnlichst erwarteten Sturz des französischen Königs erfahren. Darauf mußte er jedoch noch ein Jahr warten. Im nächsten Jahr kam Börne wieder nach Soden. Diesmal schon vor Saisonbeginn. Er langweilte sich unsagbar und schrieb mangels anderer berichtenswerter Ereignisse eine satirische Schilderung des *Hoflebens,* die angeblich von Hühnern, Gänsen und Kühen erzählte, sich aber auf politische Verhältnisse bezog. In diesem Sommer hatte er seine Freundin Jeanette, die sein gesamtes persönliches und schriftstellerisches Leben organisierte, überreden können, für einige Zeit bei ihm in Soden zu bleiben. Sie assistierte ihm auch bei den Texten, die als *Sodener Tagebuch* bekannt wurden. Endlich erreicht ihn hier die lange erwartete Nachricht vom Ausbruch der Julirevolution in Paris. Und er ging freiwillig ins Exil nach Frankreich.

Der als Löb Baruch in der Frankfurter Judengasse in einer wohlhabenden Familie geborene Börne war 1817 zum protestantischen Glauben übergetreten. Seiner Karriere nutzte es wenig. Der promovierte Jurist hatte seine Stellung als Polizei – Aktuar verloren, war zu Unrecht in der Hauptwache arretiert worden; Zensur und Diskriminierung lähmten ihn. In Frankreich erhoffte er sich liberalere Lebens– und Arbeitsmöglichkeiten. Zu seiner großen Enttäuschung entsprach Jeanette Wohl nicht seinem Wunsch, mit ihm in Paris zu leben. Sie blieb in Frankfurt, betreute von dort aus weiterhin sein literarisches Schaffen und nahm mit großer Sachkenntnis seine Interessen wahr. Erst als Ehefrau des reichen Kaufmanns Salomon Straus siedelte sie nach Paris über, wo das Ehepaar noch fünf Jahre lang den schwerkranken Börne bis zu seinem Tod pflegte und später sein gesamtes Erbe verwaltete.

Siehe auch: JEANETTE WOHL, Freundin und Mitarbeiterin von Ludwig Börne, von Edith Vetter, Materialien zur Bad Sodener Geschichte, Heft 23, 1998.

Giacomo Meyerbeer (1791 – 1864)

Am 18. August 1843 hatte Generalmusikdirektor Meyerbeer in Berlin ein dringendes Urlaubsgesuch an seinen König gerichtet. Seine kleine Tochter Blanche (Bianca) war während des Kuraufenthaltes der Familie in Soden schwer erkrankt. Zwei Tage später traf er hier ein und wohnte mit den Seinen in der neuen Kurvilla des Lehrers Bautz, der späteren *Villa Nassovia* (heute Königsteiner Straße 89). Es heißt, Meyerbeer habe während seines Soden – Aufenthaltes an seiner Oper *Der Prophet* gearbeitet. Das

Kind gesundete und Meyerbeer reiste nach Paris weiter. Am
8. September noch schreibt er einen Brief aus Soden, am
13.September schon steht als Absendeort Frankfurt, und am
1. Oktober weiß eine Pariser Musikzeitschrift: *Meyerbeer est arrivé.*

Giacomo Meyerbeer, als Liebmann Meyer Beer geboren, war als
junger Mann auf Anraten Salieris nach Italien gegangen, wo seine
Kompositionen interessiert aufgenommen wurden. Der wirklich
große Durchbruch erfolgte nach seiner Übersiedlung nach Paris
1831, wo seinen *französischen Opern* (u.a. *Die Hugenotten, Robert
der Teufel)* glänzende Erfolge beschieden waren. Meyerbeers außer-
gewöhnliche Begabung für effektvolle Bühnenwirksamkeit seiner
Kompositionen verschafften seinen prachtvollen Opern Weltruhm.
Soden hat seinen Kurgast nicht vergessen. Die Einweihungsfeier des
neuen Rathauses (Königsteiner Straße 73) im Jahre 1959 wurde mit
Meyerbeers Krönungsmarsch eröffnet.

August Heinrich Hoffmann von Fallersleben (1798 – 1874)

Eine herzliche Freundschaft verband Hoffmann mit Felix
Mendelssohn Bartholdy. Im Sommer 1844 trafen sie sich in Soden.
Da hatte Felix gerade sechs Gedichte des Freundes vertont und
aufgeführt. Hoffmann berichtet: *Soden liegt in einer lieblichen
Gegend am Fuße des Taunus. Es hat viele Mineralquellen, die zum
Baden und Trinken benutzt werden. Ich ließ mich nur auf Trinken ein
und beobachtete pünktlich die üblichen Verhaltensregeln. Nach
einigen Tagen befand ich mich sehr schlecht und mußte zu einer
weniger starken Quelle übergehen. Bei allem Langeweiligen,
welches am Ende jeder Kurort hat, war es doch für mich meist
angenehm und mitunter sehr kurzweilig. Obschon Soden eigentlich
nur ein Frankfurter Bad und Vergnügungsort ist, und von ebenso viel
Juden wie Christen besucht wird, so finden sich doch auch viel
andere Leute ein .*

Zwei Jahre bevor er nach Soden kam, hatte er seiner national -
liberalen Haltung wegen, die sich in seinen *Unpolitischen Liedern,*
die natürlich hochpolitisch waren, unmißverständlich manifestierte,
seine Professur für deutsche Sprache und Dichtung in Breslau

verloren und war landesverwiesen worden. Ein *außerordentlich* produktiver Dichter des Vormärz, ein Aufwiegler, ein Unbequemer. Große Aufmerksamkeit erlangte er als *Entdecker* des Otfriedliedes und Ludwigliedes, beides Texte aus dem 9. Jahrhundert. Was für ein Dichter, der nicht nur idyllische Gedichte wie *Ein Männlein steht im Walde, Kuckuck, Kuckuck, ruft's aus dem Wald, Alle Vögel sind schon da, Wer hat die schönsten Schäfchen?* schrieb, rasch vertonte Verse, die heute als Volkslieder gelten, aber auch – 1841 auf der Insel Helgoland - *Deutschland, Deutschland über alles*, den Text, der mit der Melodie der Österreichischen Kaiserhymne, zum *Deutschlandlied* wurde. Im Jahr 1848 erlebte Hoffmann von Fallersleben seine Rehabilitation.

Ferdinand Freiligrath (1810 – 1876)

Als der Vierunddreißigjährige in Soden eintraf, hatte er gerade auf jährlich dreihundert Gulden Ehrensold verzichtet, die ihm auf Empfehlung Alexander von Humboldts von König Friedrich Wilhelm IV. zugestanden worden war. Es vertrug sich schlecht mit seiner radikalen Haltung Obrigkeit und Zensur gegenüber. Die Lebenslinie dieses Dichters war komplex wie die Themenvielfalt seiner Werke. Der in Detmold geborene Freiligrath arbeitete nach der Gymnasialzeit als Buchhalter in Amsterdam, geriet bald in den Sog revolutionärer Ideen, wurde zum umstürzlerischen Schriftsteller und Mitglied des Kommunistenbundes. Mit emphatisch – vaterländischen Gedichten unterstützte er die Ereignisse des Jahres 1848. Der Ruf: *Wir sind das Volk, die Menschheit wir,* beim Fall der Berliner Mauer tausendfach skandiert, stammt aus einem Gedicht Freiligraths. Aber auch Balladen voll exotischer Theatralik, *Wüsten- und Löwenpoesie* genannt, entstammen seiner Feder. Große Verdienste erwarb er sich durch Übersetzungen französischer und englischer Literatur. Wegen *Aufreizung zum Umbruch* ausgewiesen, verbrachte er viele Jahre im europäischen Ausland. In London dann wurde der vormalige Kommunistensympathisant und Pamphleteschreiber Direktor der Schweizer Generalbank – Filiale in London. Als Freiligrath im Sommer 1844 nach Soden kam, befand er sich auf der Suche nach einer neuen Lebensperspektive. Er hatte im Kurbad Kronthal Quartier genommen, hielt sich auch in Homburg auf. Fast täglich traf er sich mit seinen Freunden, dem Kreis um Felix Mendelssohn Bartholdy, in Soden.

Karl Ferdinand Gutzkow (1811 – 1878)

Gutzkow besuchte Soden wiederholte Male und empfahl den kleinen, ländlichen Kurort vielen Bekannten. Im Sommer 1844 besuchte er von Frankfurt aus seine Frau und Felix Mendelssohn Bartholdy mit seinem Freundeskreis, die hier zur Kur weilten. Der Berliner Gutzkow lebte von 1842 bis 1846 ständig in der Mainstadt. Unter dem Eindruck der Julirevolution 1830 in Paris war er zum radikal–liberalen Publizisten und Galionsfigur des *Jungen Deutschland* geworden, der vom Journalismus zur Literatur gelangte. Gutzkow war Mitbegründer der Schillerstiftung, deren General-sekretär er wurde. Seine betont freiheitliche Haltung innerhalb seiner vielfältigen Tätigkeiten als Schriftsteller, Dramaturg und Heraus-geber von Zeitschriften, brachte ihm eine Gefängnisstrafe und Verbot seiner Schriften ein. Ein Nervenleiden, das 1865 zu einem Selbstmordversuch führte, machte für viele Jahre Aufenthalte in verschiedenen Heilanstalten notwendig. Doch der außerordentlich produktive Publizist schrieb und veröffentlichte weiter. Im Herbst 1877 nach Frankfurt zurückgekehrt, kam Gutzkow am 16. 12. 1878 bei einem Zimmerbrand im Stadtteil Sachsenhausen ums Leben.

Ferdinand Hiller (1811 - 1885)

Er war Felix Mendelssohn Bartholdy in langjähriger, enger Freundschaft verbunden und nahm gern die Gelegenheit wahr, ihn während seiner Kuraufenthalte in Soden zu treffen: Ferdinand Hiller (ab 1875 von Hiller.) Nach vielen Jahren erfolgreicher Tätigkeit als Konzertpianist in Paris, wirkte er als Dirigent in seiner Heimatstadt Frankfurt am Main, in Leipzig und Dresden. Es folgten Anstellungen als Stadtkapellmeister in Düsseldorf und Köln. Seine Komposi-tionen, Kammer- und Klaviermusik, Opern und Oratorien, brachten wenig bleibenden Erfolg. *Felix Mendelssohn Bartholdy. Briefe und Erinnerungen*, ist der Titel eines kenntnisreichen Buches, in dem Hiller ein anschauliches Bild von den Jahren der Freundschaft mit Felix hinterließ.

Nikolaus Lenau (1802 – 185o)

Dunkel gefärbte Lyrik von großer Ausdruckskraft, die in klangvollen Strophen die schwermütigen Stimmungen des Dichters auf das Naturgeschehen transponierte, die *Schilflieder, ein Faust* ... Als Nikolaus Lenau im Sommer des Jahres 1844 nach Soden kam, war seine Melancholie schon in Depressivität übergegangen. Hier verlebte der, viele Jahre von innerer Zerrissenheit und Rastlosigkeit getriebene Dichter die letzten unbeschwerten Tage mit seinen Freunden Felix Mendelssohn Bartholdy, Ferdinand Freiligrath und August Heinrich von Fallersleben. Anlaß seines Besuches dürfte Mendelssohn Bartholdys Bitte gewesen sein, einen Oratoriumstext für ihn zu schreiben. Diese gemeinsame Arbeit gelang nicht mehr. Lenaus geistige Fähigkeiten waren bereits zu stark reduziert. Auch die geplante Heirat mit der Frankfurter Patriziertochter Marie Behrend, von der er sich eine Stabilisierung seines unsteten Lebens erhofft hatte, kam nicht mehr zustande. Niembsch Edler von Strehlenau, so sein korrekter Name, erlebte kurz nach dem Freundestreffen in Soden einen geistigen Zusammenbruch, der ihn zwang, sechs bittere Jahre bis zu seinem Tod, in psychiatrischen Anstalten zu verbringen.

Felix Mendelssohn Bartholdy (18o9 – 1847)

An seine Schwester Fanny Hensel schrieb er am 25. Juli 1844 nach Berlin: *Wenn Du nicht 14 Tage nach Soden kommst und mit mir die unglaubliche Behaglichkeit des Landes und Aufenthaltes genießen kannst, so helfen alle Beschreibungen nichts. Das Essen und Schlafen, ohne Frack, ohne Klavier, ohne Visitenkarten, ohne Wagen und Pferde aber auf Eseln mit Feldblumen, mit Notenpapier und Zeichenbuch, mit Cécile und den Kindern. Die Meinigen erholen sich mit jedem Tage mehr und mehr, und ich liege unter Apfelbäumen und großen Eichen; in letzterem Falle bitte ich den Schweinehirten, daß er seine Tiere unter einen anderen Baum treibt. Ferner besuchen mich Lenau und Hoffmann von Fallersleben und Freiligrath gegen Abend, und ich bringe sie übers Feld nach Hause, und wir finden Fehler in der Weltordnung, prophezeien Wetter voraus....* Eine Schilderung bukolischer Befindlichkeit. Fanny wird jedoch erst im nächsten Jahr anreisen.

Als Felix Mendelssohn Bartholdy am 13. Juli 1844 nach einer anstrengenden Konzertreise, aus England kommend, Soden erreichte, hatte seine Frau Cécile mit den Kindern und drei Dienstboten schon in der schönen Kurvilla des Lehrers Bautz (später Villa Nassovia, heute Königsteiner Straße 89) Quartier bezogen. Der umtriebige Komponist arbeitete auch während seiner Ferien, u.a. an seinem Oratorium *Elias*, an Liedern, Orgel- und Orchesterwerken. Die immer wieder zu lesende Behauptung, Mendelssohn Bartholdys Vertonung des Eichendorffschen Gedichtes *Wer hat dich, du schöner Wald* sei während seines Soden- Aufenthaltes entstanden, ist jedoch unzutreffend. Es entstand schon im Winter 1839, sein Freund Hiller erlebte seine Entstehung mit. *Er setzte sich ans Klavier und ich hörte das Lied, das seitdem Hunderttausende entzückt hat ...*

Im darauf folgenden Jahr kam Familie Mendelssohn Bartholdy von Ende Mai bis Mitte August zur Kur nach Soden. Besonders für den eineinhalbjährigen kränklichen und körperlich zurückge- bliebenen Sohn erhoffte man sich einen Kurerfolg. Durch die von Dr. Thilenius verordneten Bäder aus einem Gemisch aus Malz, Quellwasser und Ölen, erfuhr der kleine Junge eine deutliche Besserung seiner quälenden skrofulösen und furunkulösen Hautkrankheiten. (Der Bericht des Arztes ist erhalten.).

Felix' langgehegter Wunsch, seine weit voneinander entfernt lebenden Geschwister mit ihren Familien zu einem *Geschwisterkongress* zu vereinen, erfüllte sich im Juli 1845 in Soden. Auf weiten Spaziergängen durch die Vortaunuslandschaft nutzten Felix und seine geliebte Schwester Fanny Hensel die wenigen Tage, sich nach langer Zeit wieder in alter Vertrautheit nahe sein zu können. Fanny, die Gleichbegabte, die ungerechterweise, auf ihre Rolle als Frau verwiesen, im Schatten ihres prominenten Bruders verharren mußte. Beim Abschiednehmen in Soden ahnte niemand, daß es die letzten gemeinsam verlebten, unbeschwerten Tage der Geschwister waren. Nur zwei Jahre später starben Fanny und Felix.

Theodor Fontane (1819 – 1898)

Sein Werkverzeichnis weist eine große Anzahl berühmt gewordener Beschreibungen seiner Wanderungen und Reisen in Kriegs- und Friedenszeiten auf. Tagebücher und Briefe berichten von Städten und Landschaften. Daß Fontane in Soden war, erfahren wir eher nebenbei und seine Anwesenheit blieb, soweit bekannt, literarisch ohne Folgen. In einem Brief, den er im Oktober 1858 an die ihm befreundete Familie Wilhelm von Merckel schrieb (*Die Fontanes und die Merckels. Ein Familien – Briefwechsel 185o – 187o, Aufbau – Verlag Berlin 1987*), bedauert er: *Für dieses Jahr freilich zu spät ist mir eingefallen, daß für reizbare Kehlköpfe und dergleichen Halskommoditäten Soden bei Frankfurt am Main (mit 22 verschiedenen Quellen) ein ganz vortreffliches Bad ist, wo wir im Jahre 1853 mit Zwickers waren, am Fuße des Taunus, mit außerordentlich milder, wohltätiger Luft, auch nicht teuer und ungeniert.*

Als der vierunddreißigjährige Fontane mit Ehefrau Emilie und einem kleinen Sohn zur Kur nach Soden kamen, hatte der gelernte Apotheker schon begonnen, den Schwerpunkt seiner Tätigkeit in seiner Arbeit als Journalist, Kritiker und Schriftsteller zu sehen. Bedrückender Geldmangel verließ die wachsende Familie nie, zudem Fontane von fester Anstellung und kontinuierlicher Arbeit lange Jahre hindurch wenig angetan war. Bekanntlich entstanden erst im fortgeschrittenen Alter seine großen Romane und Erzählungen, die bis heute in Neuauflagen erscheinen und nahezu alle mehrfach verfilmt wurden. Effie Briest, Schach von Wuthenow, Der Stechlin, Frau Jenny Treibel, Irrungen, Wirrungen, Vor dem Sturm ... Werke mit Menschenporträts, die jenseits allen Zeitgeistes noch immer anrühren und aufregen.

Otto von Bismarck (1815 – 1898)

Die Verbindung des späteren Reichskanzlers zu Neuenhain und Soden kam durch seine Freundschaft mit dem Neuenhainer Pfarrer Georg Will zustande. Er war Jagdpächter in der Neuenhainer Gemarkung und wußte, daß Otto von Bismarck, der von 1851 bis 1859 als preußischer Bundestagsgesandter in Frankfurt lebte, gerne seine Einladungen zu Jagdausflügen annahm. Oft endeten sie bei geselligem Zusammensein im *Batzenhaus*. Dort lernte Bismarck auch die Sänger des Gesangvereins *Apollo* kennen. So hatte der Vereinsvorstand Jahrzehnte später die Idee, dem nunmehr bereits Achtzigjährigen die Ehrenpräsidentschaft anzutragen. Und Bismarck ließ wissen: *...In angenehmer Erinnerung an den Taunus und meine Frankfurter Beziehung zu den dortigen Wäldern und Bergen nehme ich das Ehrenamt gerne an, ich rechne aber dabei darauf, daß der Verein meine persönliche Mitwirkung nachsichtig beurteilen werde. Bismarck.*

Bis zu seinem Tod erhielt der Ehrenpräsident jedes Jahr eine Kiste Neuenhainer Äpfel als Geschenk. In den Jahren seines Aufenthaltes in Frankfurt fuhr Bismarck häufig nach Soden, um Verwandte und Freunde während ihrer Kuraufenthalte zu besuchen. Hedwig von Bismarck berichtete in ihren *Erinnerungen aus dem Leben einer 95-jährigen (*Richard Mühlmann's Verlag Halle a. d. Saale, 1910): *Zu diesen Sodener Erinnerungen gehört noch ein Besuch bei meinem Vetter Otto von Bismarck .... Sie sah ihn im Kurpark auf sich zukommen, ein großer Herr in nicht besonders elegantem grauen Mantel und großem Schlapphut.*

Iwan Sergejewitsch Turgenjew (1818 – 1883)

Von der Heilkraft der Sodener Quellen hatte er eine sehr hohe Meinung und war zur Kur angereist, um seine Bronchitis auszuheilen. Ein Freund schildert anschaulich einen Vorfall, der im Winter in der Wohnung des gemeinsamen Verlegers in St. Petersburg stattgefunden hatte. *Turgenjew stößt Schreie aus, erstickt fast und murmelt mit dem Blick einer ihr Leben aushauchenden Gazelle: Ich kann nicht mehr! Ich habe eine Bronchitis! und er beginnt mit großen Schritten in den drei Zimmern auf und ab zu gehen. Bronchitis, brummt (der ebenfalls anwesende) Leo Tolstoi, diese Bronchitis ist eine eingebildete Krankheit.* Das Verhalten Tolstois Turgenjew gegenüber schwankte in dieser Zeit zwischen heftiger Zuneigung und böswilligen Angriffen.

Der in Orel in der Familie eines alten Adelsgeschlechtes geborene Turgenjew (Turgenev) war nur zwei Jahre im Staatsdienst geblieben, ehe er sicher war, sich nur noch der Schriftstellerei widmen zu wollen. Unerträglich gewordene politische Verhältnisse in Rußland bekräftigten 1855 seinen Entschluß, in Zukunft in Frankreich und Deutschland zu leben, wo seine Romane und Novellen ein aufmerksames Publikum fanden. Turgenjew wurde einer der bedeutendsten Vertreter des russischen Realismus mit großer Wirkung auf den deutschen *melancholischen Impressionismus.*

Als er 186o, wegen der vielen russischen Kurgäste das *Russenjahr* genannt, nach Soden kam, stieg er im Grandhotel an der Königsteiner Straße ab. Fast täglich spielte er Schach mit Leo Tolstois lungenkrankem Bruder Nikolaj, der auf Turgenjews dringenden Rat nach hier gekommen war. Der Kurort und die liebliche Landschaft blieben Turgenjew in guter Erinnerung. In seiner Novelle *Frühlingswogen,* später unter dem Titel *Frühlingsfluten* herausgegeben, fanden Soden und seine Umgebung in liebevoller Beschreibung Eingang in die Literatur.

Leo Tolstoi (1828 – 191o)

Als Leo Tolstoi im Sommer 1860 in Soden eintraf und sich in der eleganten Kurvilla der Familie Bernus - du Fay an der Chaussee nach Königstein (heute Königsteiner Straße 83) einlogierte, war er keinesfalls ein *berühmter Kurgast,* kein weltweit bekannter Autor. Noch waren seine großen Romane und Erzählungen nicht geschrieben, seine Kinder– und Jugendbiografie sowie zwei Novellenbände noch nicht übersetzt. Auf einem Raddampfer hatte er sich in Begleitung seiner Schwester Maria und deren Kinder in St. Petersburg nach Stettin eingeschifft. Seekrankheit, Zahnschmerzen und zunehmende Ängste, tuberkulosekrank wie zwei seiner Brüder zu sein, machten ihm die Überfahrt zur Qual. Von Berlin aus, wo ein Arzt Leos Befürchtung zerstreut hatte, fuhr Maria nach Soden, während ihr Bruder eine Reise durch Thüringen, Sachsen und den Harz antrat, u.a. um an verschiedenen Schulen nach fortschrittlichen Lehrmethoden zu suchen, die bei der Alphabetisierung der Bauernkinder auf seinen ausgedehnten Gütern Anwendung finden sollten. Aber auch hier traf er nur von Peitschenhieben *verschüchterte und geistig verkümmerte Kinder* an. Er beendete die Reise in Kissingen, um dort seine *Zahnneuralgie* zu kurieren. Seine Brüder Nikolaj und Sergej weilten schon seit Juni in Soden. Dem lungenkranken Nikolaj hatte Turgenjew, wie man weiß, dringend zu einer Kur in Soden geraten. In der neuen Kurpension *Landlust* (heute Wiesenweg 24) hatten sie Quartier bezogen. Nikolaj schreibt: *Soden ist ein herrlicher Ort. Mein Bruder Serijoscha und ich haben hier Zimmer genommen. Für drei Zimmer zahlen wir 2o Gulden wöchentlich, Table d'hote einen Gulden, Wein ist uns verboten.* Bald besserte sich der Zustand des Kranken merklich, so daß er fast täglich mit Turgenjew Schach spielen konnte. Plötzlich jedoch mußte sein Bruder Sergej nach Rußland zurück. Er hatte ihre gemeinsame Reisekasse beim Roulette verspielt. Auf der Heimreise bat er Leo in Kissingen, dem mittellosen Bruder in Soden beizustehen. Leo zögerte lange. Erst als bei ihm selbst eine Bronchitis festgestellt wurde, entschloß er sich sehr spontan zu der Fahrt nach Soden. Auch hier nahm er zwei Tage am Unterricht der Schule teil, begeisterte sich für Lehrer Presbers Lehrmethode und vermerkte im Besucherbuch: *Keine bessere Volksschule gesehen.* Das Buch ist im Stadtmuseum ausgestellt. Hatte Leo seine Schwester nur *langweilig und gelangweilt* in Soden angetroffen, erschrak er über den deutlich verschlechterten Zustand Nikolajs. *Da es aber oft regnete und feuchte Kälte in den Zimmern herrschte,* empfahlen die Ärzte baldige Weiterreise nach Südfrankreich. Die Geschwister fuhren gemeinsam nach Hyères, doch Nikolaj überlebte die anstrengende Reise nur wenige Wochen. Der Soden - Aufenthalt blieb Leo in lebhafter Erinnerung. Eineinhalb Jahrzehnte später erschien sein Erfolgsroman *Anna Karenina*, in dem einige Szenen, mit Komtess Kitty als

Hauptfigur, in Soden angesiedelt sind. So geriet der kleine Kurort in die Weltliteratur.

Richard Wagner (1813 – 1883)

Fast zwölf Jahre ungesichertes Leben lagen hinter ihm, als der bereits als Kapellmeister und Komponist bekannte Richard Wagner, am 12. August 1860 in Soden eintraf. Nur durch Flucht hatte er sich der steckbrieflichen Verfolgung nach dem gescheiterten Dresdner Mai – Aufstand 1849, an dem er beteiligt war, entziehen können. Durch viele Länder führte sein von Schulden begleiteter Lebensweg. Grund seines Besuches in Soden war der Wunsch, von seiner Frau, der Schauspielerin Minna Planer, die mit ihrer Freundin in Soden zur Kur weilte, die Einwilligung zur Scheidung zu erlangen. Die Auseinandersetzungen verliefen nicht in seinem Sinn. Minna schlug seine Bitte endgültig ab, so daß Wagner die beiden Tage in Soden in seinen Memoiren *unerfreulich* nennt. Wie seine Frau und deren Freundin, wohnte Wagner im Logierhaus der Familie Carl Jung (heute Zum Quellenpark 28/3o). Minna begleitete ihren Mann noch bis Frankfurt, von wo er allein nach Weimar weiterreiste.

Friedrich Stoltze (1816 – 1891)

Der Frankfurter Friedrich Stoltze liebte Soden, besuchte es häufig und nannte es der milden Luft wegen *das deutsche Nizza*. In Prosastücken und Gedichten schilderte er in Mundart Begebenheiten und Zustände in dem Badeort, u.a. *Die Sodener Krankheit, Der Schiffbruch des Raddampfers Freie Stadt Frankfurt.* Doch es wäre völlig unzutreffend, ihn nur als witzvollen, gefälligen Mundart-dichter abzutun. Die ersten, 1841 erschienen Gedichte des Kaufmannsgehilfen waren auf Hochdeutsch geschrieben, besinnliche Verse über Liebe und schöne Landschaften. Der Widerhall in der Öffentlichkeit war gering. Er konnte mehr. Schon früh war der junge Stoltze im *Gasthof Rebstock* seines Vaters, dem Zentrum der Frankfurter Demagogen, mit Politik in Berührung gekommen. Als Sechzehnjähriger durfte er seinen Vater zum Hambacher Fest begleiten. Er befand sich im Fahrwasser seiner Schwester Annette, einer wilden Revoluzzerin. Nach einer abenteuerlichen Gefangenenbefreiung während des Frankfurter Wachensturms 1833 wurde sie gefaßt und zu schwerem Arrest im Rententurm verurteilt, an dessen Folgen sie starb. Ihr Bruder kämpfte mit der Feder, nahm in seiner, nicht nur zur Fastnachtszeit erscheinenden *Krebbelzeitung (Krebbel- und Warme Brödercher – Zeitung)* – 10.000 verkaufte Exemplare Erstauflage - unerschrocken Partei gegen Unfreiheit, Zensur und Kleinstaaterei und leuchtete später mit seiner satirischen Zeitung *Frankfurter Latern* auch in dunkle Ecken des lokalen Geschehens. Bald wurde Schreibverbot verhängt. Die reaktionären Polizeiorgane verfügten einen Haftbefehl, der es ihm unmöglich machte, sechs Jahre lang Frankfurt zu verlassen. Anzeichen schwerer Depressionen standen sehr im Gegensatz zu seinen frechen Spottversen. Der Versuch, heimlich in Dr. Pinglers Kaltwasserheilanstalt in Königstein eine Kur zu machen, scheiterte. Er wurde verraten und mußte in Pantoffeln und Unterhosen zurück nach Frankfurt fliehen. Bis zu seinem Tod im Jahr 1891 lebte Stoltze im Rothschildschen Gartenhaus am Grüneburgweg.

Gustav Freytag (1816 – 1895)

Natürlich war es das elegante *Grandhotel de l'Europe,* in dem Hofrath Dr. Gustav Freytag 1867 in Soden wohnte. Da war er gerade thüringischer Abgeordneter der national – liberalen Partei im Norddeutschen Reichstag geworden, ein bekannter Literat, dem zwölf Jahre zuvor mit seinem Roman *Soll und Haben* der Durchbruch gelungen war. Der Verfechter des gut aufgebauten, modernen realistischen Zeitromans in leicht faßbarem Stil und lebendiger Darstellung, wurde bald zum Lieblingsautor des Bürgertums. Bücher wie *Die Brautfahrt, Graf Waldemar, Die verlorene Handschrift, Die Ahnen* sowie Lustspiele und Dramen machten in schnell populär. Sein Aufenthalt in Soden blieb, soweit bekannt, in seinen Werken unerwähnt. Der geborene Schlesier lebte viele Jahre als Privatdozent und Redakteur, stellte jedoch 1844 seine Vorlesungen ein, um sich ganz seiner schriftstellerischen Tätigkeit widmen zu können. Nach seiner Pensionierung verbrachte er die Wintermonate in Wiesbaden, wo er als Neunundsiebzigjähriger starb.

Peter Iljitsch Tschaikowski (1840 – 1893)

Soden (Nassau) neben Frankfurt am Main, Kurhaus, gab Tschaikowski im Juni 1870 als Adresse an. In Begleitung seines kranken Freundes Volida Schilowsky, den er in Paris abgeholt hatte, wollte er fünf Wochen zur Kur in Soden bleiben. *Die Landschaft ist wunderschön und die Luft sehr gut, aber die Vielzahl von Leuten, die an Schwindsucht leiden, läßt alles etwas trostlos erscheinen ..., daß es großer Anstrengung bedurfte, nicht in Hysterie zu verfallen,* schrieb er an seinen Bruder. *Jeden Morgen gehe ich an einen Ort, der Drei - Linden genannt wird und komponiere oder lese,* berichtet er weiter und daß das Leben in Soden eintönig und langweilig sei, der Gesundheit jedoch sehr zuträglich. Der Bogen der Vergnügungen spannte sich von Eselsritten in Soden über Opernbesuche in Frankfurt *(was sie dort spielen ist ziemlich scheußlich)* bis zu einem großen Beethoven-Musik–Festival in Mannheim. Wegen der drohenden Kriegsgefahr reisten die beiden Freunde früher als geplant in die Schweiz weiter. Zur Zeit seines Soden–Aufenthaltes war P. I. Tschaikowski dreißig Jahre alt, lehrte Musiktheorie am Moskauer Konservatorium und arbeitete als Musikkritiker. Keines seiner großen Werke, die ihm später Weltruhm brachten, waren bis dahin veröffentlicht.

Maria Bashkirtseff (1858 – 1884)

Die elegante junge Frau, die am 7. Juli 1878 in Soden eintraf, erhoffte sich von den Sodener Quellen, die zu dieser Zeit noch im Rufe standen, Schwindsucht heilen zu können, eine Besserung ihres Gesundheitszustandes. Die verwöhnte Zwanzigjährige genoß das ruhige, unaufwendige Sodener Kurleben, suchte das Alleinsein und bemerkte, wie sie *sanft, froh und glücklich* wurde. Von den Brunnenfrauen ließ sie sich in die Kunst des Strümpfestrickens einführen. Am 17. August kehrte sie nach Paris zurück. Gesund war sie nicht geworden. Sechs Jahre später starb sie. Marias Geburtshaus war das Gutshaus ihrer vermögenden Eltern in der Nähe von Poltawa in der Ukraine. Früh lernte sie ein sorgloses Leben auf weiten Reisen zu mondänen Orten quer durch Europa kennen. In Paris begann sie, Malunterricht zu nehmen, und obwohl die talentierte junge Frau den Unterricht nur sporadisch fortsetzte, hängen heute ihre Bilder in großen Museen weltweit. Einen hohen Bekanntheitsgrad erreichten ihre Tagebücher, 84 Bände aus den Jahren 1872 – 1884. Posthum veröffentlicht und in viele Sprachen übersetzt, wurden sie wegen ihrer Offenheit und schöpferischen Sprachgewandtheit zu einer Sensation. Maria Bashkirtseff fand große Beachtung in der feministischen Bewegung.

Siehe auch: MARIA BASHKIRTSEFF von Joachim Kromer, Materialien zur Bad Sodener Geschichte Heft 11, 1992.

General Graf Eduard von Todleben (1818 – 1884)

Im Sommer des Jahres 1884 hatte Seine Hohe Excellenz General Graf Eduard von Todleben mit Familie und Adjutanten in der *Villa Keller* (heute Königsteiner Straße 83) Wohnung bezogen. Der Graf, als Kaufmannssohn bei Riga geboren, genoß in Rußland hohe Verehrung als Held der Krimkriege, der sich beim Ausbau und der Verteidigung Sewastopols große Verdienste erworben hatte. Am 1. Juli 1884 starb er in Soden. Die deutschsprachige Zeitung in St. Petersburg berichtete ausführlich über die vom evangelischen Pfarrer Jung geleitete, aufwendige Trauerzeremonie für den General, der *im lieblichen Taunusbade Soden* verstorben war. Seine Aufbahrung in *großer russischer Uniform*, die prachtvollen Kränze und die Ehrenwache, die sechs Tage und Nächte am offenen Sarg des Verteidigers von Sewastopol aufzog, wurden auch für den kleinen Badeort zum Ereignis allerersten Ranges. Der tote General wurde nach Rußland überführt, an der Grenze feierlich durch hohe Militärs in Empfang genommen und in Sewastopol beigesetzt. Als Dank für freundliche Anteilnahme und vielfältige Hilfe, die sie in Soden erfahren hatte, machte seine Witwe ein, wie es heißt, namhaftes Geschenk, das den Bedürftigen des Ortes zugute kam.

Clara Viebig (1860 – 1951)

Frau Cohn, Berlin, lautet am 12. Juli 1896 der Eintrag in der Kurliste für die *Villa Allemania* (heute Wiesenweg 1), in der sie dann vier Wochen wohnte. Früher schon einmal hatte sie ihren Vater zu einer Kur nach Soden begleitet. Unter ihrem Mädchennamen Clara Viebig wurde sie eine vielgelesene Autorin. Eine ihrer Novellen ist in Soden angesiedelt: *Wen die Götter lieben.* Die Geschichte eines lungenkranken Mädchens. *Im heiligen Trier geboren,* wie sie schreibt, durfte sie oft einen Onkel begleiten, der als Landgerichtsrat zu Zeugenverhören und Obduktionen in die armen Eifeldörfer fahren mußte. *Wir fuhren zu den Schrecken des Lebens,* berichtete sie. Nach dem Tode des Vaters siedelte die einundzwanzigjährige Clara mit der Mutter nach Berlin über. Die begonnene Ausbildung als Konzertsängerin mußte wegen finanzieller Schwierigkeiten bald abgebrochen werden, man suchte Zuflucht bei Verwandten in Westpreußen. Dort fand sie bei der Landbevölkerung die östliche Entsprechung der Verhältnisse in der Eifel. Sie geriet an die Bücher Emile Zolas und wußte plötzlich: *So muß man schreiben. So!* Und sie schrieb. Novellen und Romane, kraftvoll, realistisch, sozialkritisch und anklagend. Ihre Bücher erschienen in rascher Folge und erzielten hohe Auflagen. Sie zeigt die unsäglichen Verhältnisse in den Dörfern der Eifel auf, versucht durch Schilderungen von Einzelschicksalen, besonders von *Unterschichtfrauen,* auf das Proletariat der Städte aufmerksam zu machen. (*Das Kreuz am Venn, Kinder der Eifel, Das Weiberdorf, Die Wacht am Rhein*). Ihr Roman *Das schlafende Heer* wird als großer naturalistischer Roman angesehen, den Kritiker als gleichbedeutend mit Werken von Gerhart Hauptmann und Sigrid Undset nennen. 1936 starb ihr Mann, der jüdische Verleger Friedrich Cohn. Sie bekam Schreibverbot, wurde schikaniert und war 1943 gezwungen, Berlin zu verlassen. Nach Kriegende transportieren russische Soldaten die Schwerkranke in einem Güterwaggon in die

Stadt zurück; die DDR – Regierung bediente sich ihrer. Clara Viebig starb im Alter von 92 Jahren in sehr bescheidenen Verhältnissen in Berlin – Zehlendorf.

Marie Hillebrand (1821 - 1894)

Sie war kein Kurgast in Soden. Sie lebte und wirkte fast dreißig Jahre hier, brachte durch ihr Institut viele Gäste aus fernen Ländern nach Soden, ließ in ihrer Kurvilla und dem Hotel Kurgäste betreuen. Ihre interessante Lebensgeschichte soll in Kurzfassung in dieser Dokumentation Aufnahme finden. In Stockbüchern und Bauakten stößt man immer wieder auf den Namen Marie Hillebrand, die ansehnliche Häuser baute, kaufte, mietete, vermietete und verkaufte. Wer war diese offenbar tüchtige und unternehmungsfreudige Frau? Eine Professorentochter. Sie wurde in Heidelberg geboren, wo ihr Vater als Nachfolger Hegels lehrte. 1822 folgte er einem Ruf nach Gießen. Dort wuchs Marie in einer großen Geschwisterschar auf und erwarb nach einer sorgfältigen Ausbildung die Lehrbefähigung für den höheren Schuldienst. Sehr bald fand sie Stellungen als Lehrerin in wohlhabenden Familien in Frankreich und England, mußte jedoch nach Deutschland zurückkehren, um Geschwistern und Vater, der als Liberaler 1847 Amt und Bezüge als Präsident der Hessischen Kammer verloren hatte, ein Einkommen zu schaffen. Die von ihr gegründeten Internate in Gießen und Offenbach erwiesen sich bald als zu klein, so daß sie ins Solms–Assenheimsche Schloß in Rödelheim bei Frankfurt am Main einzog. Von Soldaten eingeschleppt, brach 1866 dort Typhus aus. Viele der Institutsschülerinnen erkrankten, einige starben. Marie Hillebrand siedelte nach Soden über, kaufte 1866 die *Villa Helvetia* (heute Wiesenweg 12), zwei Jahre später das große *Hotel Franz* (heute Alten - und Pflegeheim St. Elisabeth, Königsteiner Straße 81), in das sie mit ihrem Institut einzog. Wie sie jedoch bald herausfand, störte hier die Kurmusik den Unterricht, und bei Spaziergängen im Kurpark war die Sittsamkeit der Mädchen schlecht zu überwachen. Sie entschloß sich, das große Haus unter dem Namen *Villeggiatrura* als Hotel führen zu lassen und ihr Pensionat in die *Schöne Aussicht* nach Neuenhain zu verlegen, die bis dahin Dr. W. Schmidt als Knaben – Erziehungs – Institut gedient hatte. Ungefähr vierzig Mädchen, darunter Inderinnen, Engländerinnen, Griechinnen sowie Nord– und Süd-Amerikanerinnen, wurden von neun Lehrkräften betreut. Amtliche Schulinspektoren beurteilten das Institut als *schlichte bürgerliche Haushaltung*, wobei man nicht versäumte, das schmackhafte Essen, zu dem stets Wasser aus dem Dorfbrunnen getrunken wurde, die gymnastischen Übungen und den guten Gesundheitszustand der Mädchen besonders zu erwähnen. Da auch die *Schöne Aussicht* nicht ganz ihren Vorstellungen entsprach, ließ Marie Hillebrand auf einem 10.000 qm großen Areal ein dreistöckiges Haus mit Kniestock und etlichen Nebengebäuden in Neuenhain errichten, das nun genügend Raum für Unterricht und Unterbringung bot.

Von einem hohen Besuch, der das Ansehen Marie Hillebrands bestätigt, wurde in Dr. Volgers *Der Kurgast am Taunus* berichtet: *Montag, den 5. November 1883 war für Soden ein festlicher Tag. Ihre Kaiserliche und Königliche Hoheit Victoria Kronprinzessin von Preußen und dem Deutschen Reich, von Wiesbaden einen Ausflug machend, traf auf dem hiesigen Bahnhof ein, woselbst die Hohe Frau von der Inhaberin und Leiterin der rühmlichst bekannten Mädchen – Erziehungs–Anstalt im benachbarten Neuenhain, Frl. M. H. empfangen wurde . Die Durchlauchtigste Fürstin geruhte von allen Einzelheiten der Einrichtung, der Lebensweise, der Erziehung und des Unterrichts Kenntnis zu nehmen, auch ein Gabelfrühstück bei der Inhaberin nicht zu verschmähen und nach .... zwei Stunden, wiederum in Begleitung des Frl. H. die Rückfahrt anzutreten, nachdem Allerhöchst – Dieselbe sich über die gesamte Anstalt recht belobigend ausgesprochen hatte.*

Bereits 1877 hatte Marie Hillebrand die *Villa Helvetia* verkauft, 1889 veräußerte sie das *Hotel Villeggiatura*, schloß 1890 schließlich ihr Institut und bezog mit ihrem Französischlehrer Jean Roland die *Taunusvilla* (heute Königsteiner Straße 101). Hier starb sie 1894 und wurde auf dem Sodener Friedhof bestattet. Marie Hillebrand gilt als frühe Verfechterin der Landschulheim–Idee.

Siehe auch: MARIE HILLEBRAND, Ein Leben zwischen Revolution und Kaiserreich, von Edith Vetter in der Reihe

Zeitspuren 4/5–1994, herausgegeben vom Arbeitskreis für Bad Sodener Geschichte.

Haus- und Namensverzeichnis

ADLER – Hotel	Königsteiner Straße 61
ADLER - Villa	Adlerstraße
Adler, Moritz	Zum Quellenpark 38
ALEMANNIA - Villa	Wiesenweg 1
ALLEEHAUS	Brunnenstraße 9
ALTE POST	Königsteiner Straße 77
ANNA - Villa	Königsteiner Straße 98
Artzfeld	Königsteiner Straße 52
ASPIRA - Villa	Talstraße 1
ASTORIA - Villa	Alleestraße 20
AUGUSTENBURG	Königsteiner Straße 107
AURORA – Villa	Alleestraße 24
BASELER HAUS	Alleestraße 13
Baso, Carl	Wiesenweg 14
Bastine, Anton	Wiesenweg 12
Baumeister	Königsteiner Straße 66
Bautz, Christian	Königsteiner Straße 89
BEAU SITE - Villa	Königsteiner Straße 107
Becht, Georg	Am Thermalbad 3 und
	Königsteiner Straße 86
Beerholdt-Prätorius	Königsteiner Straße 89
Beiker, Th.	Alleestraße 10
BELLEVUE - Rest. u. Hotel	Brunnenstraße 9
BENDER'sches Haus	Zum Quellenpark 38
Bernus du Fay	Königsteiner Straße 83
BETHESDA - Armenbad	Kronberger Straße
Beyerbach, Dr.	Zum Quellenpark 44
Biermann, Friedrich	Wiesenweg 2
BIMMLER - Villa	Kronberger Straße 2
Bimmler, Wilhelm	Königsteiner Straße 82
BLUMENAU - Villa	Königsteiner Straße 56
Bockenheimer, Friedrich	Zum Quellenpark 38

Bockenheimer, Peter	Königsteiner Straße 74
Bockenheimer, Peter	Dachbergstraße 17
Börne, Ludwig (Gast)	Zum Quellenpark 38
BORGNIS - Villa	Königsteiner Straße 85
Born, Philipp II.	Königsteiner Straße 59
Born, Philipp VI.	Clausstraße 6
BORUSSIA	Königsteiner Straße 54
Bretzigheimer, August	Alleestraße 8
BREUNIG - Restaurant	Königsteiner Straße 100
BRITANNIA - HOUSE	Zum Quellenpark 44
Bröcking, Dr.	Wiesenweg 24 und
	Zum Quellenpark 35
Brückmann, Philipp	Königsteiner Straße 55
Burkhard, Jacob	Königsteiner Straße 59
Busz, Bürgermeister	Am Kleinen Hetzel 4
Cahn, David u. Jos. (Kahn)	Königsteiner Straße 55
CAROLA - Villa	Kronberger Straße 14
Christian, Adam II.	Königsteiner Straße 48
Christian, Friedrich Jacob	Königsteiner Straße 63
Christian, Friedrich	Königsteiner Straße 75
	Zum Quellenpark 29
	Zum Quellenpark 5
Christian, Gerhard	Wiesenweg 6
Christian, Martin	Königsteiner Straße 87
Christian, Volpert	Zum Quellenpark 9
Christmann, Caspar	Zum Quellenpark 14
Christmann, Georg	Zum Quellenpark 2
Christmann, Volpert	Zum Quellenpark 9
COLLOSEUS - Hotel	Königsteiner Straße 75
COLLOSEUS - Villa	Königsteiner Straße 45
Colloseus, Carl, Julius und Philipp	Königsteiner Straße 43
Colloseus, Wilhelm	Königsteiner Straße 75
CONCORDIA – Villa	Wiesenweg 10

DEUTSCHER HOF	Königsteiner Straße 48
Diehl, Friedrich August	Königsteiner Straße 57
	Zum Quellenpark 33
Diehl, Johann Friedrich	Königsteiner Straße 57
DIETRICH - Villa	Zum Quellenpark 3
Dietrich, Adam	Zum Quellenpark 32
Dietrich, Georg	Zum Quellenpark 3
Dinges, Adam III	Wiesenweg 18
Dinges, Friedrich I, III, V	An der Trinkhalle 2
Dinges, Friedrich August	Königsteiner Straße 45
	Königsteiner Straße 48
Dinges, Georg (Wwe.)	Königsteiner Straße 62
Dinges, Heinrich I.	Zum Quellenpark 48 (alt)
Dinges, Heinrich (Curanlage)	Königsteiner Straße 86
Duhs/Duß, Carl	Alleestraße 10
	Alleestraße 12
Düvel, Hermann	Königsteiner Straße 81
EBEN-EZER	Wiesenweg 2
Eckhardt, Georg	Zum Quellenpark 9
Ehb, Ludwig	Clausstraße 8
	Königsteiner Straße 96
EHRENFELS - Villa	Königsteiner Straße 64
Eichhorn	Brunnenstraße 7
EICHKRON - Villa	Zum Quellenpark 45
Eimicke, Frl.	Brunnenstraße 10
EISSNER, Restaurant	Königsteiner Straße 70
ELFRIEDE - Haus	Brunnenstraße 9
ELISABETH - Haus	Wiesenweg 4
Elsenheimer, Friedrich und Wilhelm	Zum Quellenpark 24
Engel, Philipp	Zum Quellenpark 46 (alt)
ENGLISCHER HOF	Königsteiner Straße 81
Ernst, Goswin	Zum Quellenpark 38
EUROPÄISCHER HOF	Königsteiner Straße 43

Faubel, Hans u. Käthe	Brunnenstraße 7
FELICITAS - Villa	Kronberger Straße 14
Fless, Georg u. Wilhelm	Königsteiner Straße 61
FLORA - Villa	Brunnenstraße 10
Fortlage, Eduard	Königsteiner Straße 109
FORTUNA - Haus	Königsteiner Straße 67
FRANKFURTER HOF I	Zum Quellenpark 38
FRANKFURTER HOF II	Dachbergstraße 2
FRANKFURT - Villa	Zum Quellenpark 48 (alt)
FRANZ - Hotel	Königsteiner Straße 81
Fresenius, Dr.	Königsteiner Straße 98
FREUND - Villa	Königsteiner Straße 49
FRINGS - Hotel	Königsteiner Straße 84
GERMANIA - Villa	Wiesenweg 14
Gerning, Johann Isaak (Gast)	Zum Quellenpark 38
GIETZ - Maison	Königsteiner Straße 52
GLÜCKAUF/Baumeister	Königsteiner Straße 66
Goebel, Christoph	Zum Quellenpark 20
GÖTZ - Villa, Ludwig Götz	Königsteiner Straße 91
Grünebaum, Familie	Alleestraße 24
GRÜNENTHAL - Villa	Dachbergstraße 17
Guckes, Heinrich	Zum Quellenpark 14
Guckes, Peter	Brunnenstraße 5
Günzel, Dr.	Königsteiner Straße 83 u.85
GUTENBERG - Haus	Clausstraße 6
Gutzkow, Karl (Gast)	
Haas, Heinrich	Königsteiner Straße 81
Haase, August	Brunnenstraße 12
Hähnlein, Anna u. Martha	Königsteiner Straße 82
HAHNER - Conditorei	Zum Quellenpark 5
Hahner, Lorenz u. Friedrich	Zum Quellenpark 5
Halbensteiner, Dr. Hildegard	Talstraße 1
Haßlacher, Frau	Wiesenweg 14
HASSLER - Haus	Königsteiner Straße 60

HELLENIA - Villa	Alleestraße 4
HELVETIA - Villa	Wiesenweg 12
Hennig, Carl	Zum Quellenpark 22
Hersche	Zum Quellenpark 2
Hessen, Albert	Wiesenweg 2
Hessen, Albert	Zum Quellenpark 44 (alt)
HESSISCHER HOF	Zum Quellenpark 9
HILD - Maison	Dachbergstraße 11
Hild, August u. Karl	Wiesenweg 10
Hillebrand, Marie	Königsteiner Straße 81
Hillebrand, Marie	Wiesenweg 12
Himmelreich, Alexander	Königsteiner Straße 77
Himmelreich, Alexander	Königsteiner Straße 48
Himmelreich, Joh.	Königsteiner Straße 61
Himmelreich, Wilhelm I	Königsteiner Straße 77
Himmelreich, Wilhelm II	Königsteiner Straße 61
Hinkel, Marie u. Wilhelm	Königsteiner Straße 87
HIRSCH , Restaurant	Königsteiner Straße 74
Hißnauer, Joh.	Dachbergstraße
Hißnauer, Joh.	Königsteiner Straße 99
HOECHST - Erholungsheim	Zum Quellenpark 48 (alt)
	Kronberger Straße
Hoffmann, Dr. Heinrich (Gast)	Königsteiner Straße 89
(Struwwelpeter)	
HOHENZOLLERN - Haus	Brunnenstraße 12
HOLLÄNDISCHER HOF	Königsteiner Straße 55
HOTEL de l' EUROPE	Königsteiner Straße 43
IM GRÜNEN THAL	Dachbergstraße 17
IRENE - Villa	Am Thermalbad 3
ISRAELITISCHE KURANSTALT	Tal- und Dachbergstraße
Isserlin, Dr.	Zum Quellenpark 6
JAHRESZEITEN - Haus	Brunnenstraße 5
Jäger, Pfarrer (Wwe.)	Wiesenweg 24
Jäger	Oranienstraße 1
	Königsteiner Straße 62

JOHANNISBERG (Johannesberg)	Königsteiner Straße 99
JUNG - Conditorei	Königsteiner Straße 72
Jung, Adelheid	Königsteiner Straße 94
Jung, Carl	Zum Quellenpark 28/30
Jung, Friedrich	Zum Quellenpark 45
Jung, Georg	Zum Quellenpark 30
Jung, Heinrich IV.	Königsteiner Straße 78
Jung, Julius	Zum Quellenpark 28
Jung, Peter II	Königsteiner Straße 58
Jung, Peter II	Zum Quellenpark 29
Jung, Peter u. Georg	Zum Quellenpark 38
Jung, Reinhard	Königsteiner Straße 109
Jung, Pfarrer	Zum Quellenpark 37
Junior, Peter	Zum Quellenpark 35
Kahlenberg, Dr. Selmar	Zum Quellenpark 44 (alt)
Kahn, David u. Jos. (Cahn)	Königsteiner Straße 55
KAHN - Rest.	Zum Quellenpark 48 (alt)
KAISERHOF	Königsteiner Straße 81
Kallner, Dr. Adolf	Talstraße 1
KARLSBAD - Villa	Alleestraße 10
KARLSTÄDTER HOF	Königsteiner Straße 79
Kaskel, Willy	Königsteiner Straße 84
KAULBACH - Villa I	Königsteiner Straße 87
KAULBACH - Villa II	Königsteiner Straße 94
KELLER - Villa	Königsteiner Straße 83
Keller, Georg - Pension	Königsteiner Straße 72
Keller, Wilhelm u. Familie	Alleestraße 6
Kern, August	Zum Quellenpark 33
Killian, Conrad u. Familie	Königsteiner Straße 63
Kinderheim Dr. Rehn	Kronberger Straße 7
Klauer, Karl	Wiesenweg 4
	Zum Quellenpark 9
KLIPPEL - Haus	Königsteiner Straße 64
Klockow/v.Klipstein	Kronberger Straße 10
Kochen	Königsteiner Straße 96

Köhler, Geschwister	Alleestraße 2 und Königsteiner Straße 39
Köhler, Drs. Heinrich und Jean	Alleestraße 2 und Königsteiner Straße 39
Kolb, Dr. Rudolf	Zum Quellenpark 29
KRONBERG - Hotel	Kronberger Straße 12
Krug, Frau von	Kronberger Straße 1
KURHAUS	Königsteiner Straße 88
LAMOUSE - Villa	Alleestraße 18
LANDLUST - Haus	Wiesenweg 24
Leinberger, Kath. Marie	Königsteiner Straße 58
LEOPOLDHOF	Königsteiner Straße 55
LILIE - Haus zur	Clausstraße 8
LINDENTHAL - Haus	Alleestraße 8
Link, Jacob Heinrich	Clausstraße 8
Link, Louis	Wiesenweg 3
LIVADIA - Haus	Königsteiner Straße
LÖWE - Gasthaus	82 Adlerstraße
Lorey, Marie	Königsteiner Straße 94
LOREY - Villa	Am Kleinen Hetzel 4
LUDWIGSBURG	Königsteiner Straße 96
LUISE - Villa	Am Thermalbad 1
Männche, Jean (Architekt)	Kronberger Straße 12
MAINTHAL - Haus	Königsteiner Straße 58
Mansard, Clara	Kronberger Straße 8
MAPPES - Haus	Königsteiner Straße 66
Mappes, Caspar	Königsteiner Straße 66
MARGARETHE - Villa	Königsteiner Straße 105
MARIE - Villa	Wiesenweg 3
MARIENBAD - Villa	Brunnenstraße 7
MARIENBURG - Haus	Königsteiner Straße 65
MASSMANN - Haus	Königsteiner Straße 62
MATHILDE – Haus (Gartenhaus)	Königsteiner Straße 86
Mendelssohn Bartholdy (Gast)	Königsteiner Str.89

METROPOL(E) - Haus	Königsteiner Straße 60
Meyer, Salomon	Dachbergstraße 2
Meyer, Salomon II	Königsteiner Straße 80
Meyer, Lazarus	Dachbergstraße 2
Meyerbeer, Giacomo (Gast)	Königsteiner Str.89
Michel, Louis	Parkstraße 16
Milch, Joh. Wilhelm	Königsteiner Straße 81
Milch, Leopold	Königsteiner Straße 77
MILCHKUR-ANSTALT	Zum Quellenpark 2 und
	Königsteiner Straße 55
Morasch, Wilhelm	Königsteiner Straße 43
MUCKERHÖHLE	Zum Quellenpark 9
Müller, Adam III	Königsteiner Straße 56
Müller, Adam IV	Königsteiner Straße 84
Müller, Carl IV	Königsteiner Straße 47
Müller, Carl Ludwig I	Königsteiner Straße 48
Müller, Carl Ludwig II	Königsteiner Straße 67/69
Müller, Franz	Königsteiner Straße 67
Müller, Friedrich I u. V	Zum Quellenpark 36
Müller, Fritz	Königsteiner Straße 69
Müller, Georg II	Königsteiner Straße 69
Müller, Johannes II	Zum Quellenpark 6
Müller, Johannes III	Wiesenweg 20
Müller, Heinrich	Dachbergstraße 2
Müller/Sachs	Königsteiner Straße 68
NASSAU - Haus	Alleestraße 25
NASSAUER HOF	Zum Quellenpark
NASSOVIA - Villa	Königsteiner Straße 89
Neis, Adolf	Zum Quellenpark 29
Neis, Philipp	Königsteiner Straße 75
NEUBURG - Haus	Königsteiner Straße 65
NEUHOF - Restaurant u. Hotel	Konigsteiner Straße 39
NOLL - Cafe	Königsteiner Straße 86
Noll, Johann	Königsteiner Straße 79

OBER - Villa	Wiesenweg 4
Ober, Franz (Architekt)	Wiesenweg 4
Ober, Franz	Königsteiner Straße 39
ODESSA - Villa	Königsteiner Straße 47
OEHLER - Leihbibliothek	Königsteiner Straße 77 u. 79
Opel, Adam (Gast)	Brunnenstraße 7
ORANIENSTEIN - Villa	Zum Quellenpark 37
Pagenstecher, Dr.	Zum Quellenpark 29
Panhuys, Anni van	Wiesenweg 14
PANORAMA - Villa	Königsteiner Straße 94
PARKHOTEL	Königsteiner Straße 84
PARKVILLA	Kronberger Straße 1
PAULINE - Villa	Am Thermalbad 2
PAULINENSCHLÖßCHEN	Kronberger Straße 1
PAULINENTHAL - Haus	Wiesenweg 4
PETERSBURG - Villa	Zum Quellenpark 35
PFAFF- Restaurant	Königsteiner Straße 48
PFEIFFER - Villa	Wiesenweg 8
PHILOSOPHENRUHE - Villa	Dachbergstraße 19
Pichon, Franz	Am Thermalbad 4
POMMERANIA - Villa	Parkstraße 16
Portmann, Frau	Alleestraße 8
Potz, Friedrich	Königsteiner Straße 78
PRÄTORIA - Pension	Königsteiner Straße 62
Prätorius, Peter u. Jacob	Zum Quellenpark 17
Prätorius, Fräulein	Königsteiner Straße 89
Preis(s), Lorenz	Zum Quellenpark 33 und Brunnenstraße 12
PUTBUS - Villa	Wiesenweg 6
QUELLENHOF - Hotel	Zum Quellenpark 29
QUELLENPARK - Sanatorium	Talstraße 1
QUISISANA - Villa	Königsteiner Straße 63
RATSKELLER - Gasthaus	Zum Quellenpark 33/

RATSKELLER - Gasthaus	Hauptstraße 41
Redelbach	Alleestraße 4
REISS - Haus	Zum Quellenpark 8
Reul, Georg II	Brunnenstraße 8 u. 10
Reul, Vincenz	Zum Quellenpark 33
Reuß, Sophie	Brunnenstraße 7
RHEINISCHER HOF	Königsteiner Straße 76/ Am Bahnhof
RHEINFELS - Villa	Königsteiner Straße 39
RHENANIA - Villa	Wiesenweg 18
Riehl (Rühl), Elisabeth u. Luise	Alleestraße 10
ROSSBACH - Villa	Zum Quellenpark 6
Rossbach, Heinrich I	Zum Quellenpark 6
Rossbach, Heinrich II	Zum Quellenpark 24
Rothschild, Dr. David	Königsteiner Straße 86
Rübsamen, Heinrich und Helene geb. Fritz	Königsteiner Straße 54
Rübsamen, Heinrich und Caroline geb. Kaulbach	Königsteiner Straße 85 Parkstraße 20
Rübsamen, Robert	Kronberger Straße 2 Kronberger Straße 8 Kronberger Straße 10 Kronberger Straße 14 Am Thermalbad 1 und 2
RUSSISCHER HOF – Hotel	Königsteiner Straße 81
SACHS - Bäckerei	Königsteiner Straße 70
SANSSOUCI - Villa	Alleestraße 6
SAXONIA - Villa	Zum Quellenpark 30
Schaar, Franz u. Jacob	Königsteiner Straße 80
Schäffer, Julius	Zum Quellenpark 19
Scheffler, Konrad	Zum Quellenpark 45
Scherer (Scheerer),Carl	Wiesenweg 10 Wiesenweg 12 Königsteiner Straße 107
Scheuer, Julius	Alleestraße 24

SCHICHTEL - Villa	Am Kleinen Hetzel 3
Schild, Johann Wilhelm	Königsteiner Straße 105
Schmunk, Karl	Zum Quellenpark 34
Schneider, Christoph	Wiesenweg 24
Schneider, Nicolaus	Zum Quellenpark 38
SCHÖNE AUSSICHT - Hotel	Königsteiner Straße 84
Schonfeld, Otto	Königsteiner Straße 64
Schott, Juda	Zum Quellenpark 2
SCHÜTZENHOF - Gasthaus	Königsteiner Straße 48
Schwarz, August	Zum Quellenpark 19
Schwarz, Fritz	Zum Quellenpark 21
SCHWEIZERHAUS	Königsteiner Straße 109
SIESTA - Villa	Kronberger Straße 10
SILVANA - Villa	Kronberger Straße 8
SPRUDELHOTEL	Königsteiner Straße 79
ST. ELISABETH	Königsteiner Straße 81
STALLWIRTH's Gasthaus	Königsteiner Straße 67/69
STARKENBURG - Villa	Alleestarße 4
Stark, Philipp	Alleestraße 4
STEFANIE - Villa	Zum Quellenpark 21
Steinheimer, Georg	Clausstraße 21
Steinmetz, Wilhelm	Zum Quellenpark 33
STELLA - Villa	Königsteiner Straße 87
STERN - Restaurant	Adlerstraße
Stern, David, Ida, Blüma	Adlerstraße
Stöltzing, Dr. Wilhelm	Clausstraße 6
	Wiesenweg 12
STOLZENFELS - Villa	Alleestraße 4
SUISSE - Pension	Zum Quellenpark 44 (alt)
Tatlock, Ermine	Alleestraße 4
TAUNUSVILLA	Königsteiner Straße 101
TEUTONIA - Villa	Oranienstraße 1
Thilenius, Dr.Georg (Moritz)	Kronberger Straße 1
Thilenius, Dr. Otto	Königsteiner Straße 95
Todleben, Graf Eduard (Gast)	Königsteiner Straße 83

Tolstoi, Leo (Gast)	Königsteiner Straße 83
Tolstoi, Nicolai u. Sergej (Gäste)	Wiesenweg 24
TREMONIA - Villa	Brunnenstraße 10
TRIER – Villa	Königsteiner Straße 103
Troeste, Adam	Wiesenweg 1 und 2
	Brunnenstraße 9
Turgenjew, Iwan (Gast)	Königsteiner Str.43
UHRICH - Hotel	Königsteiner Straße 79
Uhrich, Adam und Karl	Königsteiner Straße 79
Uhrich, Georg	Zum Quellenpark 33 (alt)
Uhrich, Peter II	Brunnenstraße 9
VALENTINE - Villa	Kronberger Straße 12
VICTORIA - Villa	Wiesenweg 20
Viebig, Clara	Wiesenweg 1
VILLEGGIATURA - Hotel	Königsteiner Straße 81
Vogel, Eduard u. Heinrich	Königsteiner Straße 76 und
	Am Bahnhof
Vohl, Hermann	Alleestraße 25
Volger, Dr. Otto	Wiesenweg 20 und 24
Wagner, Richard (Gast)	Zum Quellenpark 28/30
Waldbock, Familie	Alleestraße 12
Weber, August	Brunnenstraße 10
WEIGAND - Hotel u. Restaurant	Königsteiner Straße 70
Weigand, Adam u. Christoph	Zun Quellenpark 4
Weigand, Ludwig Adam	Zum Quellenpark 33
	Königsteiner Straße 70
	Brunnenstraße 5
Weiland, Peter	Wiesenweg 4
Weisborn	Zum Quellenpark 13 u. 15
Wenzel, Elisabeth	Wiesenweg 4
WESTFALIA (WESTPHALIA) Villa	Alleestraße 12
WIESENGRUND - Villa	Zum Quellenpark 45
WILHELMSHÖHE - Gasthaus	Niederhofheimer Straße
Winkler, Wilhelm	Zun Quellenpark 20

WINKLER'sches Badehaus	Zum Quellenpark 44 (alt)
Woestendieck, Carl	Zum Quellenpark 38
Wollweber, Landrat	Königsteiner Straße 107
Wollweber, Julie	Königsteiner Straße 101
Wossidlo, Eugen	Brunnenstraße 9
Zengeler, Adam	Alleestraße 8
Zengeler, Ludwig Gottfried	Am Thermalbad 1
ZUM GOLDENEN LÖWEN	Adlerstraße 6
ZUM TAUNUS	Clausstraße 21
ZUR GUTEN QUELLE	Zum Quellenpark 33
ZUR MÜHLE	Königsteiner Straße 48
ZUR (ALTEN) POST	Königsteiner Straße 77

Quellenangaben

Arnsberg, Paul
Die jüdischen Gemeinden in Hessen, Frankfurt am Main 1971
Bauakten
in: Archiv des Bauamtes der Stadt Bad Soden, Archiv der Stadt Bad Soden, Hess. Hauptstaatsarchiv, Wiesbaden
Baumgart, Fritz
Stilgeschichte der Architektur Dumont Verlag, Köln 1977
Becker, Johann
Bad Sodens Apotheken-Geschichte
In: Jahrbuch der Stadt Bad Soden - Taunus Hrsg. Magistrat der Stadt Bad Soden, 1951 und 1955
Bethesda
Revidiertes Statut des Armenbades von 1890 im Hess. Hauptstaatsarchiv, Wiesbaden
Brandkataster von 1816 der Gemeinde Soden
im Hess. Hauptstaatsarchiv, Wiesbaden
Didaskalia
Auszüge vom 25. Juni 1837 im Institut für Stadtgeschichte der Stadt Frankfurt a.M.
Dietz, Alexander
Stammbuch der Frankfurter Juden 1908, Institut für Stadtgeschichte der Stadt Frankfurt a.M.
Döring
Soden am Taunus - Sein Werdegang als Kurort, Frankfurter Nachrichten vom 16. August 1903
Institut für Stadtgeschichte der Stadt Frankfurt a.M.
Dörrlamm, Brigitte/Kromer, Joachim
Bad Soden a.Ts. 1918 - 1933 Hrsg. Arbeitskreis für Bad Sodener Geschichte Materialien Heft 6, 1989
Fremdenlisten
vom 19. Juni 1836, 24. Juni 1838 und 19. Juli 1838, Fremdenlisten der Jahre 1890 - 1900, 1910 - 1927 im Archiv der Stadt Bad Soden a. Ts.

Gerteis, Walter
Das unbekannte Frankfurt, Bände 1-3, 1961-1963, Frankfurt a. M.
Gerichtsakten der Gemeinde Soden
im Hess. Hauptstaatsarchiv, Wiesbaden
Gibson, Carl
Lenau. Leben -Werk - Wirken in Deutsche Bibliothek, Frankfurt a.M.
Götzendorf-Grabowski, Helene von
Glück, Reclam-Universum 1896/97, Heft 17
Griesemann, Luise
Bad Soden am Taunus, Frankfurter Warte Nr. 19/1911, Institut für Stadtgeschichte der Stadt Frankfurt a.M.
Gymnasiale Oberstufe Schwalbach – Arbeitsgemeinschaft
Arbeit mit einer geschichtlichen Quelle II: Der I. Weltkrieg in der Chronik der Sodener Volksschule, 1987
Haupt, Dr. med. August
- Soden am Taunus als klimatischer Winterkurort und Heilbad, Würzburg 1883
- Soden am Taunus - Ein Ratgeber und Führer während des Kurgebrauchs, 1892
HOECHST AG
Vertrag über Errichtung eines Genesungsheims 1903
Hoffmann, Dr. Heinrich
Struwwelpeter-Hoffmann erzählt aus seinem Leben, Frankfurt 1926
Koepf, Hans
Baukunst in 5 Jahrhunderten, KohlhammerVerlag
Krauskopf, Gunther
- Sole - Salz – Soden, Hrsg. Magistrat der Stadt Bad Soden a. Ts.
- Jahreschroniken 1981 – 1986, Hrsg. Magistrat der Stadt Bad Soden a. Ts.
Krauskopf/Kromer/von Nolting
Soden in Nassauer Zeit, Führer durch die Sonderausstellung, Hrsg. Magistrat der Stadt Bad Soden a. Ts., 1985
Kromer, Joachim
- Die Familie Reiss, Hrsg. Arbeitskreis für Bad Sodener Geschichte, Materialien Heft 2, 1987

- Der 10. November 1938, Hrsg. Arbeitskreis für Bad Sodener
  Geschichte Materialien Heft 4, 1988

Kromer/von Nolting/Röhr
Bericht über die Grabung am ehemaligen Park-Hotel, Hrsg.
Arbeitskreis für Bad Sodener Geschichte, Materialien Heft 1, 1986

Kurverhältnisse des Bades Soden
Hessisches Hauptstaatsarchiv, Wiesbaden

Kurverwaltung Bad Soden
- Impressionen, 1987
- Unterkunftsverzeichnis 1963/64

Lavrin, Janko
Lev Tolstoi in Selbstzeugnissen und Bilddokumenten, Rowohlt 1979

Lettenbauer, Wilhelm
Tolstoi, Artemis Verlag 1984

Major, Mate
Geschichte der Architektur Band III, Henschel, Berlin 1984

Meinert, Hermann
Frankfurter Geschichte, Waldemar Kramer, Frankfurt a. M. 1977

Mölbert, Dr. Hermann
Weinbau in Bad Soden a. Ts., Hrsg. Arbeitskreis für Bad Sodener
Geschichte, Matrialien Heft 5, 1988

Nolting, Rudolf von
- Bad Soden in alten Ansichten Band 1-3, Europäische Bibliothek
  Zaltbommel, 1977/1980/1984
- Aus der Postgeschichte von Bad Soden, Führer zur Ausstellung,
  Juli 1988

Oppermann, Carl
Kronik Bad Soden Taunus, bearbeitet von Hildegard von Nolting,
Hrsg. Arbeitskreis für Bad Sodener Geschichte. Materialien Heft 7,
1990

Raven, Otto
Neuenhain - Chronik eines Dorfes, 1971

Reich, Willi
Felix Mendelssohn Bartholdy im Spiegel eigener Aussagen und
zeitgenössischer Dokumente, Manesse Verlag, Zürich 1987

Renkhoff, Otto
Nassauische Biographien, Hist. Kommission für Nassau, Wiesbaden 1985

Robertson, E. und Joan
Verzierungen in Gußeisen, Benteli-Verlag Bern 1977

Schneider, Adolf
Geschichte des Salzhandels zu Frankfurt im 18. und 19. Jahrhundert, Inaugural-Dissertation Wirtschafts- und Sozialwissenschaftlichen Fakultät der Johann Wolfgang Goethe-Universität, Frankfurt 1934

Schomann, Heinz
Das Frankfurter Bahnhofsviertel, Frankfurt a. M. 1988

Stiebel, Dr. S. F.
Soden und seine Heilquellen, Verlag Carl Jügel 1840

Stockbücher der Gemeinde Soden
Hessisches Hauptstaatsarchiv, Wiesbaden, Archiv der Stadt Bad Soden

Thilenius, Dr. Otto
Sodens Heilquellen, Sauerländer's Verlag Frankfurt 1850

Thilenius, Dr.
Als Kurgast in Bad Soden am Taunus,
Rudolf Mosse, Berlin 3. Auflage 1931

Vetter, Edith/Wagner, Kurt
Der jüdische Friedhof in Bad Soden a. Ts. Hrsg. Arbeitskreis für Bad Sodener Geschichte, Materialien Heft 3, 1987

Viebig, Clara
Wen die Götter lieben, Novelle, in: Vor Tau und Tag, Berlin 1902

Volger, Dr. Otto gen. Senckenberg
- Sodens Schriftenschatz, Frankfurt am Main 1885
- Der Kurgast am Taunus vom 7.10.1883 -29.6.1884